U0947941

天生演讲家

演讲沟通实战全攻略

李亮 著

中国财富出版社

图书在版编目（CIP）数据

天生演讲家：演讲沟通实战全攻略／李亮著．—北京：中国财富出版社，2015.1

ISBN 978－7－5047－5496－7

Ⅰ.①天…　Ⅱ.①李…　Ⅲ.①演讲—语言艺术　Ⅳ.①H019

中国版本图书馆 CIP 数据核字（2014）第 280549 号

策划编辑	丰　虹	**责任印制**	方朋远
责任编辑	邢有涛　单元花	**责任校对**	杨小静

出版发行	中国财富出版社		
社　　址	北京市丰台区南四环西路 188 号 5 区 20 楼	**邮政编码**	100070
电　　话	010－52227568（发行部）		010－52227588 转 307（总编室）
	010－68589540（读者服务部）		010－52227588 转 305（质检部）
网　　址	http://www.cfpress.com.cn		
经　　销	新华书店		
印　　刷	北京京都六环印刷厂		
书　　号	ISBN 978－7－5047－5496－7/H·0130		
开　　本	710mm×1000mm　1/16	**版　　次**	2015 年 1 月第 1 版
印　　张	14	**印　　次**	2015 年 1 月第 1 次印刷
字　　数	187 千字	**定　　价**	35.00 元

前　言

在人类历史上，只要我们掌握了话语权，就拥有了达成目标的主动权。而演讲便是获取这种话语权的最好途径，演讲不仅担负了传播人类思想、传承人类文明的重要使命，而且还是一种威力无穷的武器。运用它，我们能够捍卫自己的权利，获得竞争优势。通过演讲，我们可以增强勇气，获得战斗的力量。一个人要是具备这种才能无异于事半功倍，如虎添翼。

世界上有许多有名的演讲大师利用他们高超的演讲技能征服了观众，而他们也因此声名远扬。或许有人会说，在现实生活中，我又不指望拿演讲赚钱，为什么要学习演讲的艺术呢？我的工作和演讲并无太大关系，我又为什么浪费时间学习演讲呢？殊不知，一旦掌握了演讲的艺术能够使你终生受益，能使你在谈吐中给领导、客户、朋友等留下更为深刻的印象，凭借这点获得更好的机会，那么，仅从这方面来说学习演讲自然是十分有必要的了。

一旦拥有良好的演讲口才，很容易成为一个受欢迎的人。只要拥有良好的演讲口才，必然可以鹤立鸡群，引人注意，并且可以获得超出才学之外的成绩；只要拥有良好的演讲口才，就可以帮助别人建立足够的自信，并通过有效的演讲来扩大自己在各方面的影响力；只要拥有良好的演讲口才，就可以帮助自己打开一扇更为广阔的门窗，使你迈向更加辉煌的职业生涯。

演讲能够改写历史，同样也可以改变一个人的命运。那么，如何才能让每一位读者都能迅速地掌握演讲技巧，成为演讲高手呢？这就是写作本书的主要目的。

本书以演讲稿作为躯干，用渊博的学识作为根基，用演讲步骤当做枝条，用妙语作为葱翠的绿叶，为读者奉献了不仅具有可读性而且具有实用性的演讲指南。相信各位读者在静心学习和领会之后，会使自己的演讲更加给力，并很快品尝到由演讲带来的“美味佳肴”。

通过本书在演讲方面的强化训练，可以增强你的勇气、自信以及热情，并非常自然地将所学技能应用到与人交往的过程当中，你将会发现，在众人面前说话不再是一件难事，自己也可以一展魅力口才。

在此由衷地感谢我的恩师陈安之老师，以及我的好朋友京兆鸿集团的刘柄杉老师，还有一直鼓励我把这本书出版的高兰军老师和那些支持我的广大学员们。

在编写本书的过程中，虽然力图使本书具有可操作性，有较高的实用价值，但总觉得在某些地方还有所欠缺，加上水平有限，时间仓促，难免有疏漏不妥，不尽如人意之处。在这里，恳请专家、同人和广大读者提出宝贵意见。

作　者

2014 年 8 月

目录

CONTENTS

认知篇　什么是真正的演讲

修炼篇　好的演讲皆源自积累与锻炼

第四章　要磨炼一张“好嘴皮”

第五章　你的形象会说话——成功的演讲从形象开始

第六章　语言的修炼——声音好听你就成功了一半

第七章　肢体语言——能说话的并不只有你的嘴

实战篇　走上演讲台就等于走上战场

第十一章　成功演讲前必须要做的事

第十二章　走上台时如何说好第一句话

第十三章　演讲进行时

认知篇

什么是真正的演讲

第一章　演讲，成就自我一生伟业的资本

演讲是一种威力强大的武器，运用它可以有效捍卫自己的权利，获取竞争优势；演讲是增强勇气帮你赢得斗争力量的重要途径；演讲能够改变一个人的命运，甚至可以改写历史。

说服对手比征服对手更有效

说服别人，要以理服人、以德服人、以情服人、以礼服人。说服别人要有耐心，更要有方法和技巧。说服别人不能靠势力、权力去强压人，更不能靠投机、欺骗手段，否则，别人虽然口服但心却不服，就不会达到说服的目的。说服别人先要说服自己，说服别人必须要有高姿态，这样才能够达到说服的目的。

在日常生活中，人们常常遇到这样一种情况：你在与别人争论某个问题时，分明自己的观点是正确的，但就是不能说服对方，有时还会被对方“驳”得哑口无言。这是什么原因呢？心理学家认为，要争取别人赞同自己的观点，仅是观点正确还不够，还要掌握一些说话的技巧。所以在日常交谈中，掌握说服别人的技巧是至关重要的，是你迈向成功的必备条件。

伽利略在年轻时就下定决心要在科学研究上有所突破，并希望得到父亲的支持与赞许。然而，他的父亲是一位很有原则的人，并不希望他献身于科学。为此，伽利略试图说服父亲。

一天，他对父亲说："父亲，我想向您请教一件事。是什么原因使您和母亲走到了一起？"

父亲简单地说："我看上她了。"

伽利略又说："母亲是您的第一位妻子吗？"

父亲说："是的，孩子，我向老天发誓。那时候，家里人要我娶一位富有的太太，可是我对你妈妈情有独钟，不愿意与其他女人结婚。你妈妈在年轻的时候，是一位姿色动人的姑娘。"

伽利略继续说："这是事实，你之所以不愿意娶别的女人，是因为你爱的是她。可是，父亲，我现在也陷入了同样的处境。我只喜欢科学，除了科学以外，我不可能选择别的职业。我认为，其他职业对我来说没有任何意义，难道父亲要我去追求那些虚无的财富与荣誉吗？科学是我今生最为热爱的行业，也是我唯一的追求，我对它的爱胜过其他所有行业。每个人都向往结婚生子，哪怕是最穷的人都想过自己的婚事，可我却将那个想法转移到科学上去了。我不曾与人相爱，我想今后也不会。别人追求的是一位相貌标致的姑娘，或是一座漂亮高雅的别墅，或是一辆高档的汽车，而我只愿与科学为伴。当人们提及婚姻方面的事情时，我就感到羞臊。"

父亲没有说些什么，只是认真思索着伽利略的话。

伽利略继续说："亲爱的父亲，我有才华，能够在科学领域上有所建树，为什么不让我去实现自己的愿望呢？我相信自己能成为一名杰出的学者，并获得教授身份。我相信如果我以此为生，一定会比别人活得更幸福。"

父亲说："可是我没有足够的金钱供你上学。"

伽利略绘声绘色地说："父亲，您听我说，许多家境条件不好的学生，都是靠领取奖学金来读书的，而奖学金是公爵宫廷给的。为什么我不能去领一份呢？您在佛罗伦萨有那么多朋友，他们对您也是十分尊敬的。如果去请他们帮助，我想一定能实现我的愿望的。如果您能够到宫廷去为我办这件事，他们只需要去问一问公爵的老师奥斯蒂罗·利希，就可以了解我的能力了。"

父亲被伽利略的话说动了："嗯，我认为你是正确的，我会尽力的。"

伽利略抓住父亲的手说："我求求您，您一定要想尽一切办法。我将会非常感激您的。我以人格向您保证，我一定会成为一个伟大的科学家的，并以此来报答您。"

最终，伽利略成功地说服了父亲，并实现了自己的理想，成为一位令世人瞩目的科学家。

说服别人没有必要用生硬的态度去强迫别人，只要能够恰到好处地把话说透，取得对方的理解，这样说服别人就不是一件难事了。

与人相处时，如果遇到要说服他人的情况，首先要做的就是动脑子，管住嘴，选择最好的说服方式，用语言去解决问题。

在现代这个社会中必须拥有卓越的说话能力和演讲技能，让你的嘴巴充满智慧，才能说服对手、感化对手、征服对手。

每一个成就大事的人都是天才的演讲家

成功离不开说服与鼓动。从古到今，世上大凡有卓越成就的人，无不是高明的演讲者。从拿破仑到亚历山大，从曼德拉到丘吉尔，从马云到白岩松……这些伟人、名家用语言和行动，向我们展示了演讲的美妙和魅力。

《今日说法》《出彩中国人》的主持人撒贝宁是妇孺皆知的著名主持人。他的成功与他的口才是分不开的。

撒贝宁出生在军人家庭里，父母都在部队里工作，也是搞艺术的。受父母的影响，撒贝宁从小就非常喜欢唱歌和跳舞，撒贝宁曾在4岁的时候和其他几个小朋友代表幼儿园为海军某部队表演节目。

20世纪80年代的一天，撒贝宁的父母下班回来，看到家里的一切惊呆了！只见客厅仿佛是一个演讲会场，还放了很多的道具。撒贝宁和妹妹撒贝娜拿着麦克风天真地说："爸爸、妈妈，你们好！你们辛苦了。"

接着，撒贝宁请爸爸妈妈坐好，就像电视里的主持人一样，向观众（爸爸妈妈）报幕……兄妹俩一会儿朗诵诗歌，一会儿演小品，一会儿说相声。两个孩子精彩的表演让撒贝宁的父母露出了笑容，并把兄妹俩紧紧地抱在怀里。

整个节目的策划、创作、道具制作、安排等是撒贝宁用一个多星期的时间准备的。当时，撒贝宁还只是一个小学生。

上初中以后，撒贝宁对演讲产生了浓厚的兴趣，为了提高自己的演讲水平，他经常一个人在家里对着镜子练习，并把自己的演讲录下来，反复听、反复练。有时爸爸让他在演讲中加入一些表演动作，他却和爸爸争论说："演讲与表演不同，演讲主要靠讲，表情应该是与主题相关的最大投入，而不是有意识地去做作。"

有努力就有收获，撒贝宁终于在演讲方面取得了小小的成就。

他从初二到高一的时间内，先后参加了十多次演讲比赛，每次都是第一名。

20世纪90年代初，撒贝宁参加市里举行的演讲比赛，当时选手们是抽签决定演讲题目，撒贝宁抽的是与天安门有关的题目。经过几分钟的短暂准备，撒贝宁十分沉着地登上演讲台，他以“天安门前的英雄纪念碑告诉我”为题进行演讲，他精彩的演讲博得大家热烈的掌声，并顺利拿下了第一名。

高中毕业后，撒贝宁考入北京大学，他在大学仍像中学时代一样，在抓好学习的同时，积极参与各项活动，很快便成为北京大学里有名的“活动家”。他凭着标准的普通话和良好的综合素质，入校不久便被推荐担任了北大广播电台副台长兼播音员。

后来，中央电视台到北京几所大学里招聘《今日说法》的主持人。当时，撒贝宁不在学校，但是他的老师向电视台来的人推荐了他。撒贝宁虽然不是学广播、电视专业的学生，也没有经过这方面的专业培训，但他却凭借自己的口才与勤奋，一步步地走向成功。

成功学大师戴尔·卡耐基曾说：“一个人的成功，仅仅有15%取决于技术知识，而其余的85%则取决于口才艺术。”可见，一个人能不能取得成功，主要取决于会不会说话，所以，掌握说话的艺术是现代人成功的必备条件之一。

课后实战训练：

口才说服力测评

你有没有说服别人的能力？如果你还不了解自己的话，就和我们一起做下面这个小测试吧，根据你的实际情况，选择“从来不”“偶尔”“经常”或“总是”。

(1) 在说服他人时，你是否经常使用第二人称（你，你的，你们），而避免使用第一人称（我，我的，我们）？

(2) 你是否能避免使用那种陈词滥调和缺乏热情的问候（如“我能为你做点什么吗”），而代之以更有说服力的语言？

(3) 你是否能避免使用一些陈旧的用语（诸如“无法置信”“令人敬畏”“我们私下里讲”“这是千真万确的”或者“你理解我的意思吗”）？

(4) 你是否能避免使用价值判断的短语和句子（诸如“你应该”“你必须”）？

(5) 你是否能避免使用那些没有意义的句子（诸如“你今天感觉如何”“你现在怎么样”或者“天气真好啊”）？

(6) 你是否能避免冒着中断关系的可能来赢得一次无谓的争论？

(7) 在给出答案之前你是否完全领会了对方的意思？

(8) 你在说服别人时是否能避免过多谈论关于自己知道的事？

(9) 当你在说服别人时，你是否能保持足够的耐心？

(10) 你是否能避免对那些和蔼和热心的人谈得太多？

计分方法

从来不：0分；偶尔：1分；经常：2分；总是：3分。

测试结果

分数在15分或者15分以下，那么你要彻底改变和别人的交流方式。

分数在18分或者18分以上，要注意使用更有力和更富说服力的语言。

分数在23分或者23分以上，那么你做得不错。

分数在25分或者25分以上，那么你只需继续保持。毫无疑问，你是一个非常具有说服力的人。

第二章　别以为能说会道就是演讲

在如今的生活中，演讲已成为每个人都必须掌握的技能。它在社会活动中使用的频率极高，从正式场合的演讲、即兴演讲到当众讲话，等等，都是演讲涵盖的范围，所以，掌握演讲这门艺术已经成为一种必备的技能。

演讲，并不是如何能说而是怎么去说

大家都知道，说话容易，但说好话，说别人爱听的话，说真正能表达自己的意思的话，并不是一件简单的事情。演讲也是一样，并不是如何能说而是怎么去说。

1. 演讲要说真话

说真话，就是要求实事求是，就是要说符合客观事物与事物发展规律的话。需要的是：演讲不是别人要求你讲，你才讲。是“我”主动要讲，自己有满腹衷肠，有不吐不快之感。当然，也要懂得谦逊，走上讲台，不是为了突出自己，不要使大家把你当做欣赏的对象，而要让大家牢记你所演讲的内容，不能有所偏颇，哪怕只有一点儿，听众也能够感觉出来，这样必会影响演讲效果。

2. 演讲要言之成理

演讲要言之成理，言之有序，言之有文，言之有物。

言之成理是指不可以东拉西扯，糊弄别人。

言之有序是指结构要求有条理，不可以语无伦次，遵循一定的顺序，阐发道理要层层推进，要如登堂入室一样步步深入。

言之有文便是指要有文采。文采分为两种解释，一是指这人讲话讲得漂亮，富有文采；二是指这人文章写得精彩，富有文采。换句话说，一是口头语言表达得好；二是书面语言书写得好。演讲需要讲究用好口头语言，口头语言与书面语言有很大区别，像是口语说偷，书面语则是窃；表达睡不着，口头语言是“躺在床上，翻来覆去怎么也睡不着”，书面语言则是“辗转反侧，夜不能眠”；口语说谦虚，书面语则说谦逊。要是在平常与人谈话用书面语言，别人必然会对你嗤之以鼻，演讲和朗诵不同，还是用口头语言表达得更加完美。说口头语，要多选择一点较为形象的词，像丘吉尔上台时对自己国家的民众说：“我所奉献给你们的是鲜血、劳累、眼泪和汗水。”后人经常喜欢引用这句话，但将“劳累”一词丢掉了。原因是“鲜血、眼泪、汗水”是看得见、摸得着的形象事件，更加引人感同身受。“劳累”则相反，比较抽象，因而人们把它省略掉了。

言之有物是指内容不空泛，形象生动，有血有肉，看问题独到。

3. 应学会即兴演说

即兴演说是一种随行就市、临场发挥的行为。它往往反映出的是一个人的临场语言组织能力、应变能力、判断能力等，即兴演说是很需要技巧的，好的即兴演说能带动气氛，推动整个活动的进程；反之，则会影响听众的兴致。

即兴演说多是在一种激动的场合下进行的，短小精练的篇幅和内容才能满足听众的需求，因为，没有人乐意听演讲者长篇讲话。虽然，即兴演说不能像命题演讲那样布局严谨，但也一定要结构合理，要有快节奏的风格和一气呵成的气势。

即兴演说时，不要把开头看得太过重要，也不要按照规定把演讲进行得过于死板，让人觉得乏味，这样会限制演讲者的临场发挥。美国著名口才大师洛克伍德说过："在整个讲话过程中做到轻松地、巧妙地和大家交流思想是困难的。然而，做到这一点的关键是讲话开头的用字表达。"所以，即兴演说要本着与听众交流的目的，在开头和结尾运用巧妙的语言，才能让整个演讲起到预想不到的效果。

即兴演说的技巧十分重要，好的即兴演说甚至能影响到一个人的交际、事业等方面。言为心声，要真诚地表达出自己的看法；能说会道，才能让演讲有逻辑、有顺序地进行；神思妙语，才能在演讲中带动听众的情绪。

许多人在进行即兴演说时，难免会有所紧张，所以要先稳定自己的情绪。在稳定情绪的同时要理清演讲的思路，做到不慌乱，才能游刃有余。在构思时要切忌，对于不懂的人或事不要装内行；不要谈论别人的缺陷和会引起争论的话题。另外，要分清楚听众的水平和接受能力，以此来采取最适用的方式。

从口中发出的不仅仅是声音，更是激情

激情对于演讲来说非常重要，缺少了激情的演讲，就像缺了柴火的炉灶，即便整体是完整的，也不可能走向完美。所以，演讲中点燃激情是不可或缺的，但激情也要适可而止，只有富有适当激情的演讲，才能让听众鼓起由衷的掌声。美国的著名小说家薇拉·凯瑟曾经说过："热

情，是每个艺术家的秘诀。每位演说家都应该是一位艺术家。这是公开的秘诀。”可见，演讲家要把自己的激情融入到自己的演讲词中，这不仅是口才的一部分，也是打动人心的重要的一部分。正如生活需要激情一样，激情能使生活变得更加精彩，同样地，激情能使演说者口若悬河，用富有激情的语言来支配听众，让听众随着演说者的情绪变化而变化。

美国纽约的著名谈论家、演讲家李特登说过：“人们都愿意说自己只受理智支配，其实整个世界都是被感情所转移……演讲、报告或对人进行鼓动、说教，它的首要条件不是你有个现成的讲稿，不是去拾人牙慧做个‘话贩子’，更不是如一架留声机或录音唱片似的呜呜转动重弹老调，而是你要有丰富而独到的思想，火一般的激情，才是你‘摇唇鼓舌’的基础。”由此可见，演讲所必备的基础就是激情，只有激情加上独到的见解才能让演讲成为一把利器，深入听众的心中。

不过，喷涌而出、一往无前的激情是不能在公众面前充分展示自己的，这样只会让听众认为演讲没有内涵，所以激情之余，还需要有足够的自信作为基础。在激情演讲的同时还应当保持冷静的头脑，以免出现一些负面事件，比如一些言论过激、思考欠佳等行为。

在美国2012年总统大选进入“最紧张的阶段”的时候，当时在任总统奥巴马在弗吉尼亚州进行拉票演讲，但天公不作美，在演讲时他遭遇大雨。奥巴马浑身上下都被淋湿，变成了“落汤鸡”，但他并没有因为大雨就终止自己的演说，相反，他在大雨中带给了人们一次饱含激情的演讲。

当天，在奥巴马的演讲现场有约900名听众聚集在此，奥巴马的演讲让现场的听众激情澎湃，甚至在人群中有人不时发出欢呼声：

“再当4年!”以此来表现对奥巴马的支持。雨越下越大，最后竟成了瓢泼大雨，就是这样的天气也没有办法浇灭听众们的热情。

台上奥巴马的蓝色衬衫已完全被淋透，雨水不停地从他的脸上流下来。就是在这样的天气下，奥巴马也没有终止自己的演讲，反而还以饱含激情的状态，继续演讲着。在演讲中，他还与听众分享自己年幼时全家乘大巴出行的简朴度假经历，而这一举措，无异于帮他赢得了底层民众的心。

当时，奥巴马的竞争对手罗姆尼家底丰厚，两人之间支持率非常接近，这让奥巴马不得不打起十二分的精神。一直以来，奥巴马都把对手描绘成一个不接触普通百姓的亿万富翁。而奥巴马的亲民演讲，拉近与底层民众的距离，从而获得更多的选票。

在演讲时，奥巴马还告诫听众：“在接下去的4个月，我的对手会把更多的巨款投入到抹黑我的广告中。基本上，这些广告就是说国内经济并不理想，而这都是奥巴马的责任。这也许可以成为一个赢得大选的计划，却成不了创造工作机会或帮助中产阶级的计划，也无法振兴我们的经济。”

演讲快要结束的时候，雨下得更大了，奥巴马还不忘调侃一下糟糕的天气，他说：“我就要讲完了，不过反正大家都被淋湿了，也无所谓，只是很多人发型估计不保了。”说完，在场听众开始笑了起来。

奥巴马正是因为在演讲当中投入了极大的激情，才能感染现场的听众，从而获得选票，得到连任的机会。所以，演讲者在演讲当中，还是应该投入激情，但同样，投入的激情要适当，并且符合现场听众的口味，才能点燃现场的气氛。

感染别人除了语言，还有更重要的东西

在演讲的过程中都希望自己能够通过语言感染观众，而忽略了其他更重的东西。比如，用心、真诚等，同样都会像美妙的语言一样感染观众。

1. 要学会用心演讲

真正能打动听众，让听众感受到演讲者的用心的只有那些真话、实话、心里话。那些所谓的大话、套话、假话，只会让听众反感。

许多著名的演讲家，他们的讲话内容大都是通俗易懂，且生动活泼的。他们的演讲内容没有华丽的言辞，也没有生僻的词语，无论是哪种水平的听众，都能够很容易就明白。他们吸引听众的就是生动有趣的语言，这一点是所有的演讲者都需要熟练掌握的。

演讲不仅要简洁朴实，还要力求有新意、不落俗套，这就要求演讲者的演讲不能照本宣科，不能随意套用他人的语言。演讲者在演讲时首先要善于了解和掌握听众的心理态势，抓住关系到听众切身利益的问题，选准角度和时机，要让自己所讲的话符合听众的需求，这样才能让整个演讲深入人心，起到其应有的作用。

那么，演讲者用心演讲必备的演讲要素有哪些呢？

（1）语言精练。

演讲者在演讲时对人的评价、对事物的判断，必须是客观的，要准确无误，绝对不能有半点含糊。特别是如今的社会，要求演讲者言简意赅，说话利落，不拖泥带水，这样的语言才是演讲的核心语言。

（2）语言鲜明、生动。

易被对方接受的、鲜明生动的语言才是演讲者应该掌握的，那种艰涩难懂、乏味的说教是演讲中的大忌，特别是在面对听众的时候，这样的话特别容易引起反感。有些演讲者使用一些现代的时髦词，或者是流行的套话生搬硬套进自己的演讲当中，不仅让听众没有新鲜感，反而会有些“消化不良”。

（3）不可或缺的感召力。

具有感召力的语言能让自己的演讲事半功倍，试着用激励的语言才能紧扣听众的心弦，激起听众的热情，增强听众的信心，让自己赢得听众的信任。

（4）演讲有内容。

演讲中注意自己的语言要具有知识性、科学性、哲理性，逻辑要分明，能在有限的语言当中提供尽可能多的有用的信息，这样才能引人深思，让人产生奋发的情绪。演讲者的演讲必须够深刻、有力度，才会让听众产生钦佩之情。

（5）以情动人。

演讲者能成功的主要因素之一就是以情动人。做报告或演讲时，让听众感觉亲切、和蔼，没有距离感，具有很强的感染力和凝聚力，处处与人为善，通情达理，善于运用温和的语言感动听众，博得听众的喜爱。

（6）亲切的语言。

特别要注意的一点就是演讲中可以带有自己的习惯用语或口头禅，以这些话来打动听众，让听众认为你们之间没有心灵障碍，你的话听起来亲切自然，这也能为自己树立一个良好的形象。

2. 用真诚打动听众

卡耐基曾说过：“若一位演讲者带着坚信的口气，诚恳地叙说，那他是不会失败的，不论他所讲的内容是政治、经济政策，还是一个人的旅行感触，只要他确实觉得心里有不能不告诉你的冲动，那么他的演说就会有强烈的感染力足以打动人。他的坚信是用何种方式表达出来的，并不重要，重要的是他要带有情感。具有热情的演讲者，其影响力将是巨大的。他也许在修辞上犯无数的错误，但不会影响他演说的成功。因为听众可以原谅他的小错误——是的，听众几乎察觉不出他有错误。”

历史可以见证：林肯演讲时，那高而尖的声音极不悦耳；大演说家戴莫森说话还口吃；胡克的声音像苍蝇一样小，不过他们都有一股热忱，可以弥补这些先天不足。下面有一些实例让我们看看真诚的重要性。

很多年前，哥伦比亚大学曾经举行过柯蒂斯奖章演讲比赛。参赛的选手是六位大学生，他们各自都做了充分准备，全都急切地想要将自己所准备的内容完全表达出来。不过除了一位之外，剩余五个人，他们的目的只不过是为了拿到奖章，而没有真正想去说服其他人。他们对于自己所说的主张并不感兴趣。所以演讲对他们而言只不过是一种完美的叙述练习。那个例外的，便是在该校读书的非洲苏鲁王子，他选择的题目是《非洲对于现代文明的贡献》。他所演讲出的每一字一句里都带着最为真切的情感，他的演将绝对不仅是练习，而是完全真诚地想要说服听众，他演讲时的状态，就宛若代表他的人民、他那整个非洲，他所引用的素材，具体而真实可信。因而尽管他的修辞略逊于其他几位演讲者，最后评审还是一致决定把奖章颁赠给他，大家同样一致同意他的演说的确具有活力，相比他真挚的演讲，其他参赛的五位所演讲的，不过是空有其表而已。

历史上很多演说者的失败也就在于此。他们如果不是带着坚定的心情述说，便无法激起别人的热情与动力，那么演说的场面自己可以想象。

3. 要拥有一颗热诚的心

如果想要演讲成功就必须有热诚。也就是演说者可以知道他所讲的是什么，并且所讲述的正是他“赖以维生”的核心思想。只有用心灵传递思想的演说，才会打动观众、说服听众。因为每次我们演讲时，听众的反应其实完全由我们来控制，要认识到是由我们来掌握听众。要是我们烦闷，听众也跟着忧闷；要是我们是散漫的，听众也便跟着漫不经心。假如我们所讲的话非常诚恳，我们讲时动用真感情，确确实实是发自我们内心的真实感受，那么听众必然会为之所动。

至于如何培养热诚，这里有一个比较实在的建议：对自己认为比较好的题目，想办法多了解一些。你对某件事了解越仔细，你就会越热诚。帕西·怀亭在《销售五大原则》中告诉推销员，不了解自己推销的东西是致命的。怀亭先生说：“对一项优良产品知道得越多，便会对它产生不得不推销给其他人的信念。”这也适用于演讲题目——对它们了解得越多，使它们转变为你的信仰，你的演讲自然可以感染听众。

4. 打感情牌

在演讲中，浓浓情感溢于言表，使听众闻其声、知其言、见其心，达到感情上的融合、思想上的共鸣、认识上的一致，既影响了听众，也受到听众的影响，达到情感的交流与平衡。所以善打感情牌的人能赢得听众。

日本前首相田中角荣也善于在演讲中打感情牌。他曾在日本电视台对全国观众说：

> 前些时候，我那80岁的老母亲还对我说：“小鬼，再努力地奋

斗下去！像你这样的小成就还早得很呢，可不要妄自尊大哦！”一直到现在，我在事业上有了成就，但仍忘不了母亲的谆谆教诲。另外，母亲的音容笑貌和对她的缅怀一刻也没有离开过自己的脑海。

我离家的时候，母亲送给我一卷纸币和松叶，我便把它们当成自己的护身符，片刻也不离身。因为万一求取功名的梦幻破灭而黯然返乡时，仍然可以重返到母亲温暖的怀抱中去。因为，我思念故乡，家里的老母亲正在盼望自己的孩儿回家。

田中角荣在演讲中怀念老母亲的“扮相”，在有些人的眼里，或许被视为故作感情脆弱，而且十分肉麻，有故意煽情之嫌。但是，无可争辩的是，正是他的这种“扮相”才感动了民众。日本绝大多数民众将田中角荣看作是一个“充满人情味、心地善良的好人”的偶像。因此，他在选民中的支持率急剧上升。在广大民众的热情拥护下，田中角荣在职期间也取得了不俗的政绩。

善打感情牌，主要是利用人性的特点，用浓厚的人情味拉近人们心理上和感情上的距离。古人云：“用兵之道，攻心为上，攻城为下。”同样，演讲之道也是“攻心为上”。善打感情牌便是一种高明的演讲之道，使听众在情感方面认同你，不知不觉成为你的“俘虏”。

有目的说，说到点，才有效

相信很多时候，我们都曾被要求演讲。听众希望听到你做什么样的演讲？他们是心甘情愿地，还是被迫完成这项任务？无论如何，对于演讲者来说，你的目的都应该是不变的。只有演讲目的明确，才能达到演讲所要的效果。

一个人要想成功，目标就一定要明确。所以，做任何事，首要任务就是树立明确的目标。同样，当单枪匹马站在讲台上，明确而强有力的演讲目的就是我们的终极指挥棒，是我们要奉行的最高准则，它会给自己有力的指引。

18 世纪末期，拿破仑准备远征马耳他和埃及，并为此组建了东方军团。军团组建起来后，为了鼓舞士气，他做了著名的“效法古罗马军团，为祖国作出贡献”告全体东方军团士兵书：

> 战士们，你们在进攻英国过程中发挥了非常重要的作用。在山区中，在平原上，在围城中，你们都曾经和敌人作战过，现在，你们还必须到海上去战斗。你们曾经赞叹、羡慕过罗马军团，曾经努力效法过他们，因为他们战无不胜，从来没有失败过。他们和迦太基人在扎马平原上战斗过，也在海上战斗过，他们经受住了疲乏的考验，遵守了战场纪律，彼此之间相互团结，他们是最优秀的战士。虽然你们过去没有取得和他们同样优秀的成绩，但我相信，你们能够做得和他们一样的优秀。
>
> 战士们，过去，你们没有机会发挥自己最大的潜力，从今天开始，法兰西共和国将给予你们最大的关怀，从它诞生的时候开始，自由的司命神就是欧洲的伟大仲裁者，以后，它也将成为最遥远的海洋和各族人民的仲裁者。
>
> 战士们，在过去的两年里，我带领你们参加了卓越的战斗。你们曾经陷于热那亚河道的围困中，在那样艰苦的环境中，你们缺少一切物资，为了得到口粮，你们曾经不得不变卖自己的军装。那时候，我曾向你们许诺一定会让你们摆脱困境得到财富，于是，我把大家带到了意大利，最后，我兑现了对大家许下的承诺，这是你们

赢得的回报。但是，你们知道吗？你们还应该得到更多的报酬，还应该为祖国做更多的事情。现在，我要把你们带到一个能够让你们得到这一切的地方去，在那里，你们会取得赫赫战功，你们会超越那些曾经让你们仰望的罗马军团，你们将为祖国效力，你们将会让祖国热烈地欢迎你们这一支不可战胜的伟大军队。

以前，我向你们许诺过，现在，我仍然要向你们许诺，当你们从战场上归来的时候，每个人都会获得买进六个阿庞的土地的能力。现在，你们要再次去冒险，你们将要和自己的海军弟兄们一起分担冒险旅程中的危险。以前，你们的海军弟兄没有发挥出自己的威力，没能让敌人感到害怕，没有取得和你们一样棒的战绩，这是因为，他们没有足够的战斗机会。事实上，他们和你们一样优秀、一样英勇，他们也一定会成为凯旋者。现在，你们要做的就是把你们不可战胜的精神传递给他们，支持他们，和他们一样忠诚地为了共同的事业去战斗，和他们一样受到祖国的感激，和他们一样习惯在船上活动，和他们一起成为让敌人胆寒的利剑，和他们一起效法罗马军团，让敌人在海上和平原上都感到惧怕。

要提高士兵的战斗力，激发出其奋力前进的战斗意识，最有效的办法就是满足他的欲望，拿破仑就很聪明地把握了这一点。在这篇演说中，他的目的非常明确，那就是激励士兵，将之变成一把所向披靡、战无不胜的刺向敌人心脏的利剑。为了这个目的，他先是肯定士兵们的优秀，表达出自己对对方的赏识，然后要求对方继续奋勇战斗，并给了他们这样做的动力——远征结束后每个人都会获得买进六个阿庞的土地的能力，并保证自己一定会这样做。后来的事实证明，拿破仑实现了这场精彩演说的目标——使这支东方军团立下了赫赫战功。

从某种程度上来说，演讲和旅行有着极大的相似。在旅行的时候，通往终点的道路有千千万万条，但只要终点明确，你就可以找到能够在最快的时间里到达目的地的道路。同样，在演讲中，只要目的明确，我们就能拨开云雾见青天，用最有效的手段完成演讲。

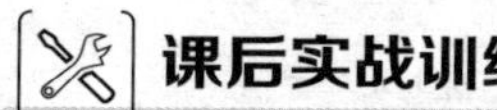

即兴演说三四五法则

即兴演说三四五法则，即“三定”“四思”“五借”。

1. 三“定”：定话题、定观点、定框架

定话题——首先要找准自己要表达的话题。因为生活中话题太广泛了，应选择想说的、观众想听的、能讲的、社会生活需要的话题。

定观点——话题找到后，要学习在话题中快速的找一个你要讲的论点。论点是演讲的核心，观点鲜明才能影响别人打动别人，如果观点陈旧，或是反动，那自然主题就错了，讲得再好也没有用。

定框架——就是确定演讲的结构，框架模式比较多，在口才培训中讲了很多框架，比如：现象分析框架、活动策划框架、理查德四步曲框架等。

2. 四“思”：逆向思维、纵深思维、发散思维、综合思维

逆向思维：是指从相反方向思考问题，即一反传统看法，提出与之相对或相反的观点。

纵深思维：从一般人认为不值一谈的小事，或无须作进一步探讨的定论中，发现更深一层的被现象掩盖着的事物本质。即“透过现象看本质”。

发散思维：是从同一问题中产生各种各样的为数众多的答案，在处理问题中寻找多种多样的正确途径。

综合思维训练：是前面三种思维的综合运用，事实上我们在思考问题时，一般情况都是将各种思维综合在一起使用的。

3. 五借：借题发挥、借人发挥、借物发挥、借事发挥、借景发挥

“借”的东西很多，“五借”是泛指。它要求演讲者要善于观察现场，获取信息。比如，我们可以借一个字来做文章引发下去，谈天说地，围绕这个字尽情借题发挥。

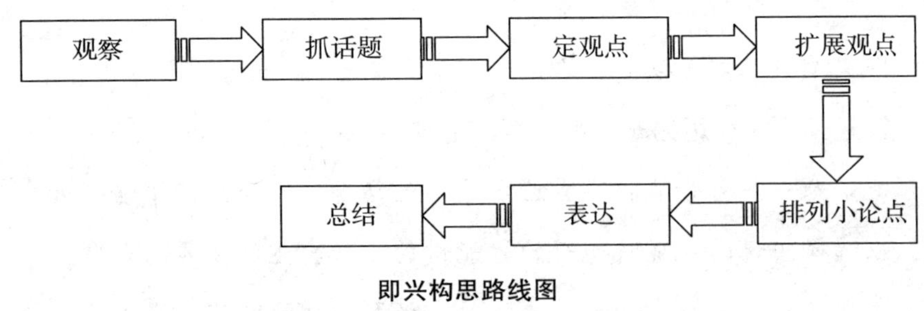

即兴构思路线图

第三章 只要你敢开口，你就是演讲家

养成良好的演讲心理素质，有助于我们在演讲活动中增强活力和兴趣，使演讲过程中的观察、思维、感情、意志等方面均达到最佳的境界，使演讲发挥最大的威力。那些害怕演讲的人，请每天用积极的心理暗示改造自己的心态吧！

你不敢开口，是因为你害怕说错

人多的时候不敢开口，总害怕自己说错话，一说话就很容易脸红。其实很多人都有这样的心理。要想克服这样的心理就要调整好自己的心态。

1. 转变演讲心态

一名大学生按照学校要求到一所学校去实习，给40多名学生上课。因为平生第一次走上讲台，他对这个机会非常重视。上课以前，他看了大量的资料，将文本反反复复研究了无数遍，写了厚厚一摞教案，还自己在家里对着镜子试讲了无数遍，但等到上课那天还是出了意外。那天，他将教案放在讲桌上，然后转身在黑板上写下了本节课的主题，写完后，他发现字好像写得太大了，看起来非常夸张，于是，他将字擦掉又写了一遍，写完后，他又觉得力度有点轻了。他想："后面的学生会不会看不清呢?"于是，他又将字擦掉重新写了一遍。等他好不容易搞定那几个字转过身来的时候，他的手心里已经满是汗水。终于开始讲课了，他害怕自己讲错，就不时地翻看教案，还经常停下来回忆自己讲过的内容。渐渐地，学生们不耐烦了，他们开始满不在乎地大声喧哗起来，课堂秩序逐渐失控。最后，那堂课他没有上完，而是在学生们的嘘声中逃出了教室。

这样的场景是不是觉得很熟悉？是不是也曾像这个学生一样担心自己这里出错、那里出错，就总是关注自己的言行举止，结果越忙越乱，越乱越出错，越出错越紧张？然而，事情真的有那么重要吗？难道听众就只是为了看你出丑而来听你的演讲吗？很显然，答案是否定的。

有个小职员因为工作成绩突出，被上司要求在公司的季度总结大会上说几句话。刚开始的时候，他很轻松，还时不时地手舞足蹈着配合自己的演讲，看上去一切都很顺利。后来，他忽然发现有个同事指着自己对其他人说着什么，但因为距离远听不清楚对方到底说什么，他开始感到不安："我哪里说错了?"他开始不自觉地加快语速，但是紧张的情绪不断地发酵，于是，他的语速就更快了，最后他开始变得语无伦次起来。会议结束后，那位同事找到他问："你遇到什么问题了吗？开始的时候我还跟××说你讲得真不错，怎么后来就开始乱了呢?"这让他一下子目瞪口呆了。

在这个案例中，这名小职员仅仅因为听众的一点点反应就扰乱了自己的情绪，影响了演讲，这样的事情在演讲中非常常见。很多人害怕出丑、出错因而被耻笑，于是提前将自己置于一个被动尴尬的境地，以至于越来越紧张。但是，当我们客观地看待演讲的时候，我们就会发现，绝大多数听众不是抱着否定、看你笑话的态度听你演讲的，他们之所以愿意花时间和精力坐在台下，是为了从你这里获得知识、经验、建议、指导、训练而已。而你也不过是普通人，不会因为一场演讲就流芳万世或者遗臭万年，不会因为一场演讲就完全改变听众对你的印象，不会因为一场演讲就将自己从一个前途无量、年轻有为的人变成一个品行恶劣的人。既然如此，作为演讲者的你，何必总是摆出一副天要塌了的架势呢？

生活中有这样一种规律，你越在乎什么，就越容易失去什么，越害怕什么，就越会陷入到那样的困境中去。同样，当你总是害怕自己说错话而颜面扫地时，那么最终你一定会说错话甚至颜面扫地；当你准备充分、从容应对，把主动权把握在自己的手里，不被听众的言行所左右，始终认为听众是友好的，即使他们有反对意见也是对事不对人，当你从对自我的过分关注中解脱出来，全身心地投入到演讲中去时，你就不会轻易被紧张打倒。

很多时候，演讲没有那么重要，结果也没有那么重要，重要的是用什么样的心态演讲。

2. 克服怯场

有些演讲者不敢开口，主要是怯场的原因，其实怯场的心理是可以改掉的。克服怯场心理可以从多方面着手：

（1）事前做好准备。

对所讲的内容做到胸有成竹，把握自如。写好演讲稿，熟悉、牢记内容，这是一方面。此外，在日常的社交场合、集体会议上，尽量利用一切机会，热情主动地与人交流，逐渐养成习惯，练好口才，具备适应能力，一旦走上讲台，就能从容不迫地表达了。

（2）增强表达欲望。

一心想到自己是与广大听众热切地抱着一个共同的意向和目标聚首一堂的，将要讲述的正是广大听众急切要求知晓的内容。自己责无旁贷，义不容辞，要将这一题讲好。认定自己终将成为一个出色的演讲家，开始从事演讲活动，即使遇到困难和挫折，这也是对自己决心和意志的考验。吃一堑长一智，认真总结经验教训，磨砺奋进，终将会获得成功。

（3）出场时的亮相。

演讲者进入演讲场地走上讲台，立即引起听众的关注，这也就是演讲活动的开始。演讲者在听众中出现的第一印象是很重要的。这个时候要显得心情愉快、精神饱满、稳重大方，给人以胸有成竹之感。进入场地时，步伐稳健、沉着，以亲切的目光，迎向初次见到的听众。走到讲台坐定后，以温厚谦和的目光，自然地、似不经意地扫视全场听众，与听众视线接触，这是双方第一次的感情交流。这时整个会场会产生一种友善的气氛，讲者与听者之间有了初步的信任感。这样做有助于稳定情绪，避免怯场，也为即将进行的演讲做了很好的铺垫。

（4）降低功利标准。

并非所有的演讲都是成功的，能游过英吉利海峡的人只是少数。我们对自己的要求最多是竭尽全力，争取下次做得更好，这样就不会有太多的心理压力。如能达到庄子所提倡的“无我”之境，完全忘记名利得失，成败荣辱，只将应准备的、应该讲的熟记于心，适当表达，可能效果会更好。

3. 不要因为“口吃”而不敢开口

只要有信心，只要有胆量，只要有勇气，一个口吃者也可以走向演讲的舞台。也许他的演讲未必很出彩，但在这个过程中，他能获得一份自信。

23岁的口吃患者小超在一处凉亭内向正在小憩的游人们进行了演讲：

我以前是一名严重的口吃患者，并自卑地以为“天下唯我独口吃”，但是通过一年多有意识地与人进行交流，现在我的口吃症状已经改善了许多……

虽然小超演讲的时候难掩害羞，但是他的真诚还是让周围的人将视线转向他，认真地聆听。

当唯一的女成员秋颖登场时，她因为过度紧张而一时说不出话，这时，周围的人群中立即爆发出鼓励的掌声，给秋颖打气说：“别害怕，姑娘，大点声儿。”

在祖国的另一座城市，另一群口吃的人也在做演讲训练。

某日上午10点钟，西安大雁塔西苑一个亭子旁围了很多人，亭内两个年轻人拉着“当众演讲训练营”的大红旗帜，其他12名小伙子一个接一个地上来站在旗帜前做演讲。

一个年轻人演讲道：

今天来这里演讲的是一群“吃友”，也就是“结巴”，但大家都想战胜自己在这里训练，讲得不好请大家见谅。我是一个“结巴”，因为上小学一年级时看班里其他同学口吃，觉得好玩就跟着学，谁知让我坠入了口吃的深渊，竟然改不过来了，口吃一下让我痛苦了18年呀！今天我敢站在这里，都是锻炼的结果，两年前我和陌生人面对面还说不出话呢！孩子们，千万不要学别人口吃哦！

这个年轻人大胆的演讲引来了群众阵阵的掌声，旁边一位男士微笑着说："'结巴'演讲得比我还好呀！"

到下午，这群"吃友"们要去环城公园做释放训练，他们在公交车上也继续演讲，给车上的人们带来欢笑。14点左右，几个年轻人在环城公园内的演讲训练又开始了。他们轮番站在由他们自己围成的圆圈中间，喊着："我演讲！我勇敢！我快乐……"

一个年轻人对路人讲："虽然我们口吃，但我们也要大声地演讲。"

事实上，口吃不可怕，口吃的人也可以获得成功，也不妨碍他们做影视演员、配音演员、演讲家、歌手等。

古希腊演讲家德摩斯梯尼从小口吃，但立志要当一个优秀的演讲者。为矫正口吃，使口齿清晰，他将小石头含在嘴里不断地练。据说他曾把自己关在屋里练习，为避免别人打搅，竟把头发剃去一半，成了"阴阳头"，"逼"自己专心地练习口才。经过12年刻苦磨炼，终于走上了成功之路。

可见，口吃的人只要对自己有信心，也可以成为优秀的演讲家。

自信，是演讲成功的第一步

自信是演讲时必需的心理状态，是演讲成功非常重要的前提。如果我们面对听众无法自信，便会让听众对我们产生怀疑，更谈不上被所讲的内容吸引了。排斥恐惧，建立自信，这才是一个演讲者该有的心理素质。

能在演讲时自信面对听众，对我们做任何事情都会产生极大的、潜移默化的影响。

自信，这是做任何事情都必须的条件。在演讲中，自信也是非常关键的，它不仅能体现出一个人的演讲态度，还影响着演讲者整体水平的发挥。虽然，自信大多数受演讲现场情况的影响，但在很大程度上仍取决于自己的心理承受能力和情绪的调控能力。如果演讲中缺乏自信，是绝不可能成为一名优秀的演讲家的。

一位心理学家曾说："自卑或者羞怯感总是会不同程度地在我们身上存在着。"而自卑或羞怯在韦尔奇身上根本就不存在，因为他能用自信克服这些心理，让自己在自信中成为一个成功、出色的人。

美国的一个调查表明，在大型场合与陌生人接触时，大约有 3/4 的人都会感到局促不安，不知所措。同样，由于羞涩或者自卑感造成的演讲失败的例子比比皆是。由此可以看出，一个人没有自信，完全是因为自己的心理问题造成的。因此，只有完全克服这些心理，你才能怀有自信，在演讲中正常甚至超常发挥。

那么，应当如何树立自信呢？可以参考下面几点。

1. 了解不自信的原因

需要了解是什么影响了你的自信。在演讲之前的所有准备，都是为了演讲的那一段时间。产生不自信的原因可能是自己担心准备不够完全，有疏漏的地方，也可能是担心听众水平高，或者是出现什么突发事件等。这些想法是建立自信最致命的危害，必须消除这些消极的自我暗示。

2. 忘记过去的失败

也许你曾经有过失败的经历，或者是有先天的不足和缺陷。但是这些都不是演讲当中的问题，但却是缺乏自信的借口，通过后天的训练，许多的缺点是可以弥补的。

3. 转移注意力

说话之前，最重要的一点就是要将注意力从自己身上移开，告诉自己要集中精神，忽视除此之外的所有原因，把你的注意力放在别的地方，这样就不会给你造成登台恐惧，由此而来的不自信也可以一并消除。

总之，只有在演讲的时候自信面对听众，才能在听众面前更好地展示自己的优势，让听众发现你的内在潜能，才会在听众面前塑造一个更趋向于完美的你。

演讲要有诚恳的态度

报纸上有过这样一篇报道：陈开枝任广州市副市长的时候，曾在一次晚会上动情地说："我也是个打工仔，是广州600万市民的打工仔。"话音未落，便赢得满场掌声。

日本前首相田中角荣出任大藏大臣时，起初大藏省内部官员对他有些顾虑。因为他们一直认为出任大藏大臣的人必须具备四个条件：一是副总理级人物；二是对财政金融有一定经验和知识；三是有一定的"辈分"；四是对各省和各党的要求敢于说"不"字。在这四个条件中，田中角荣一个也不具备。但田中角荣很明白，诚恳和谦逊是他取得大家信任并在政界站稳脚跟的法宝。因此，他在走马上任的演讲中，表现出极其诚恳谦逊的态度，他讲道：

各位都看到，我是一个能力有限的人。幸而各位都是全国的优秀人才，让我也尽最大的努力来学习。希望大家放手大干，责任全部由我来负……

通过这次演讲，田中角荣诚恳谦逊的态度赢得了大藏省官员们的信任和支持。从此，他在政界站稳了脚跟，成为影响日本历史的政治人物。

美国前总统林肯也懂得用诚恳的态度来说服听众。1858 年，林肯到伊利诺伊州做竞选演讲。当时，伊利诺伊州有一群人预谋要捣乱会场。他们放话说："如果林肯敢来演说，宣传奴隶解放，就将他赶出会场，置他于死地！"在演讲中，林肯说了这么一番话：

> 南伊利诺伊州的同乡们，肯塔基州的同乡们，密苏里州的同乡们！
>
> 听说在场的人群中有些人要和我为难，我实在不明白为什么要这样做。因为我也是一个和你们一样直爽的平民，那为什么我不能和你们一样有发表意见的权利呢？
>
> 好朋友，我并不是来干涉你们的人，我也是你们中间的一个人。我生在肯塔基州，长在伊利诺伊州，正和你们一样，是从艰苦的环境中挣扎出来的。我认识南伊利诺伊州的人和肯塔基州的人。我也想认识密苏里州的人，因为我是他们中的一个，而他们也应该认识我更清楚一些。如果他们真的认识了我，他们就会知道我并不想做一些对他们不利的事情。同时，他们也绝不会再想对我做不利的事情了。
>
> 同乡们，请不要做这样愚蠢的事了。让我们大家以朋友的态度来交往。我立志做一个世界上最谦和的人，绝不会去损害任何人，也绝不会干涉任何人。
>
> 我现在对你们诚恳要求的，只是请你们允许我说几句话，并请你们静心听着。你们是勇敢而豪爽的，我想这一点要求一定不致遭到拒绝。现在让我们诚恳讨论这个严重的问题……

这番谦逊、诚恳的话，把紧张、敌对的情绪平息了。一些企图要捣乱的人不但没有捣乱，还对林肯的演讲大声称赞，并成了他的好朋友。卡耐基曾研究过林肯的演讲，他认为林肯最大的优点在于：善于运用诚恳谦逊的态度，来说服自己的听众。

说得多了，胆量也就练出来了

这世上本没有路，走的人多了便有了路。同理而言，这世上也没有天生的演说家，说得多了，胆量也就练出来了。

演讲时的胆怯心理是许多人都会存在的，面对台下众多的陌生人，很容易产生退缩、害怕的情绪。想要让自己在演讲当中能够自信发挥，最好的方法就是让自己习惯开口说话，习惯演讲的未知性，以自信乐观的心态去面对演讲。

璞玉尚需雕琢，胆量也是如此，它不是与生俱来的，需要自己通过努力不断打磨。许多被人熟知的演说家同样是靠自己的努力逐渐走向成功的。一个成功的演说家很可能是经历过多次失败，在失败当中逐渐建立起勇气，从演说经验中慢慢摸索演讲的技巧，之后才能获得成功和掌声的。

世上从来就没有天生的演说家。一个人要想成功进行演讲，就要锻炼自己的胆量，靠自己后天的努力克服胆怯。第一次当众讲话，紧张、胆怯、恐慌的心理都是难免的，但是，只要跨越了这些心理，你便能轻松自如地面对演讲。

胆量并不是生来就注定的，只要多加锻炼，人人都能够成为出色的演说家。

那么，如何锻炼我们的胆量呢？通常可以尝试以下三个途径。

1. 知识积累

平时要积累足够的知识作为基石，才能让自己的语言丰富起来，要明白在什么场合、什么样的身份下说适宜的话。

2. 促进交流

要多与身边的人交流，增加自己的锻炼机会。经常找朋友或者同事聊天，多参与各种活动、聚餐、会议等活动，与更多人接触、交流，通过这些方式锻炼口才。

3. 创造发言机会

要懂得在适当的时机下为自己创造发言机会。适当的发言往往会锻炼你的演讲口才，也让他人发现你未曾展露的优点。经过锻炼，在不知不觉中，你会发现自己慢慢克服了胆怯的心理，能够自信、大方、从容地面对演讲。

总之，胆量是靠自己的努力练出来的。在任何场合、地点，都应该积极把握和别人交谈的机会，从平时普通的闲聊、寒暄当中学习说话技巧，锻炼自己的胆量，建立自信。

不要让自己“胆怯”

几乎所有的大师级别的演讲者，在最初当众演讲时都有这种怯场的表现。美国著名作家、沟通大师戴尔·卡耐基在总结他从事演讲教学生涯的体会时说：“我几乎一生都在致力于协助人们去消除恐惧、培养勇气和信心。”正如他所言，即使是著名的演讲家也有过怯场，他们也会心中发慌，两腿发抖。

其实，如果做到以下几点就能克服自己心中的“胆怯”了。

1. 敢于上场

随着演讲日期的临近，有些演讲者常常会忐忑不安，并胆怯地不停自问："我是否已准备充分？听众会喜欢听我讲吗？我会不会一上台就把演讲的内容忘得一干二净……"事实上，即便是一个成功的演讲家，在他最初演讲时，也免不了会有一些紧张情绪，有时候也在后台踌躇不定。可是，当你横下心来走上讲台后，一切很可能会变得自然。

海伦·凯勒是《假如给我三天光明》的作者，她幼时患病，两耳失聪，双目失明。在刚学会说话时，她对演讲还缺乏足够的信心，每次演讲都紧张万分。不过，每当她费力演讲时，总有来自各个阶层的人，有老人，有小孩，有富翁，也有穷人，甚至有盲、聋、哑等身体上有残障的人。海伦知道那么多人在看着自己，于是就大胆地站在台上演讲。

但令海伦着急的是，虽然有了一段时间的巡回演讲经历，可她在演讲技巧上并没有出彩的地方。她的发音不够准确，所以有时听众们听不懂她在讲些什么。有时，她说着说着，喉咙里就会发出怪声。

她一再努力想改善，但始终无法发出清脆悦耳的声音来。每当她想强调某句话时，她的喉咙就和自己作对，舌头也变得不灵活，几乎发不出声音来。这时，她又紧张又着急，手心里就会冒出冷汗。

在这种情形下，她总会想到自己的演讲是多么糟糕，而且她相信只要现场有一点儿声响，她的声音就会被完全掩盖。为此，她感到非常不自在，当她听到场内有椅子移动或场外有车子驶过的声音时，就情不自禁地急躁起来。不过，令她感动的是，听众们总是非常耐心地从头听到尾。每当她讲完以后，不论听懂多少，听众总是报以最热烈的掌声，有些人还特地上前来鼓励她。

有了大家的鼓励和支持，海伦在演讲的舞台上更加自信和勇敢，时间长了，她就不再焦虑，她的脸上时常挂着微笑，仿佛告诉大家：我也可以成为优秀的演讲家。

可见，一个初学演讲的人必须大着胆子走到台前，只有这样才能树立自信，才能把自己的演讲进行下去。

2. 培养居高临下的心态

有句诗这样写道："欲穷千里目，更上一层楼。"说的是只有站得高才能看得远。从演讲的角度看，如果你有了居高临下的心态，就会产生一种优越感，有了这种优越感，在演讲过程中就会消除紧张心理。

一般来说，父母在子女面前，老师在学生面前，领导在下属面前，能够挥洒自如、侃侃而谈，就是因为前者"站"的位置较高，不是平视，更不是仰视，而是俯视，他不自觉地把自己放在主导者的位置上。因此，对于初学演讲的人，要克服紧张情绪，就得逐步养成这种居高临下的心态。在这个问题上不妨学学阿Q，来个"精神胜利法"。正如卡耐基指出的那样："你要假设听众都欠你的钱，正要求你宽限几天；你是个神气的债主，根本不用怕他们。"

3. 达到"心中无我"的境界

培养自己的"无我"心态对克服紧张的情绪大有益处。"无我"心态就是不要把自己太当回事，要心中无我。说得更具体一点，就是克服怕出丑的心态。怕丢面子是人类共有的心态，中国人尤其如此！在演讲中把面子看得太重，往往面子丢得更大。在演讲之初不妨开一开自己的玩笑，自我解嘲一下。

4. 淡化效果的心态

很多人都希望把事情做得完美一些，他们在演讲中过分看重演讲效果，而结果却常常与期望值相反。

一次，某校两个班级间进行一场辩论赛，其中实力略强班级的4名学生，在大家的呼声中，他们的心理压力很大，有一名学生还在赛前不断问老师评判的标准有哪些，自己能否成为最佳辩手。由于他们过于看重比赛的结果，紧张程度也随之增加，出现各自为战、积极表现自我的情况，甚至有的同学因为紧张而出现大脑思维断层，使辩论不得不中断。

而另一个班级的4名学生，没有过多考虑结果，而是保持良好的心态轻装上阵。结果由于这4名学生淡化结果，彼此积极配合，最终取胜，其中一名学生成为最佳辩手。

由此看来，如果演讲者能淡化效果，他的紧张情绪就不会那么强烈。

大胆上台练习

下面给你几种建议，有助于你大胆上台演讲。

训练一：上台前做个深呼吸

或许你深吸一口气就可以壮胆，驱除你的紧张情绪。有一个演讲家这样说道："当你吸足了氧气，跳动的心就会平静些，那些恐惧便会烟消云散。"

训练二：做肌力均衡运动

上台前要让自己的身体某一部分肌肉做有规律地紧张与放松。像是说你可以先握紧拳头，之后松开；你也可以使自己的脚掌固定，压腿之后放松。做肌力均衡运动的目的在于使你一部分肌肉紧张一会儿，之后你便能够更好地放松那部分肌肉，还能更好地放松整个身心。

训练三：转移注意力

你上台前一定要积极听取主办人与听众的意见，这样你就可以暂时转移自己的注意力，更好地放松身体与紧张的思想。

训练四：带着微笑上台

当你带着微笑上台时，你就能够将恐惧的心理掩藏起来，让别人感觉不到你紧张的气息。同时，你的笑也向听众表示着你的自信，他们便会对你的演讲自然而然地充满期待。

总而言之，你不要害怕登台，你应该大胆站起来步履平稳地走向讲台。

修炼篇

好的演讲皆源自积累与锻炼

第四章 要磨炼一张“好嘴皮”

世界上没有任何一个正常人不需要讲话、不需要交流，也没有任何一种工作不需要做此工作的人和别人打交道。而人与人之间交流思想、沟通感情，最直接、最简便的途径就是语言。出色的语言表达，可以使相互熟识的人人情更浓、爱更深；可以使陌生的人产生好感、结成友谊；可以使有分歧的人互相理解、消除矛盾；可以使互相仇恨的人化干戈为玉帛。在工作和事业上，敢于说话又善于说话的人，可以充分利用自己的口才能力来征服他人，使工作得以顺利进行。

说话要抓住要害

说话是需要技巧的，如果不能击中对方的要害，就起不到什么作用。对于那些掌握说话技巧的人，在处理事情时，不是与对方不停地周旋，而是抓住问题关键，一语中的。这一点如果发挥得恰到好处，就可以将事情办妥。

汉代有位著名丞相名叫萧何，有一次，他向汉高祖刘邦请求，将上林苑中的大片空地让给老百姓耕种。

上林苑是皇帝游玩、嬉戏、打猎、消遣的园林。刘邦一听萧丞相居然要缩减自己的园林，不禁勃然大怒，认为萧何一定是接受了老百姓的大量钱财，才这样为他们说话办事的。于是汉高祖下令把萧何逮捕入狱，予以审查、治罪。当时的法官廷尉为讨好皇上，只要皇上认定某人有罪，法官廷尉便不惜用大刑，使犯人服罪。

正值这危急时刻，刘邦身旁的一位侍卫官，上前劝告他说："不知皇上是否还记得与项羽抗争，最后平叛反军的那段日子。那段时间，您亲自带兵出战，关中只留下丞相一人把守，百姓们十分拥戴他，如果丞相有一点利己之心，关中这片地方早就不是皇上您的了。丞相难道会在一个可谋大利的情况下而不谋，反而会贪占百姓和商人的一点小利吗?"

简单几句话，句句击中要害，使刘邦深有感触，终于认识到自己的错误，对不起丞相的一片诚心，感到非常惭愧，于是当天便下令赦免萧何。

汉代的另一位开国元勋周勃，曾经帮助汉室铲除吕后爪牙，迎立汉文帝，有定国安邦的大功。可后来当他罢相回到自己的封地后，一些素来忌恨周勃的奸诈小人，便趁机向汉文帝进谗言，诬告周勃图谋造反。汉文帝竟然相信了，急忙下令廷尉将周勃逮捕下狱，追查治罪。按汉代当时的法律，凡是图谋造反者，不但本人要被处死，而且要灭家、诛九族。

就在周勃大祸临头的时候，薄太后出来劝文帝说："皇上，周勃谋反的最佳时机是您未即位时，当时先皇留给您的玉玺在他手上，而且他还统率着主力部队，但是周勃一心忠于汉室，帮助汉室消灭了企图篡权的吕氏势力，把玉玺交给了陛下。现在他罢相回到自己小小的封国里居住，怎么反而在这个时候想起要谋反呢？”听了这话，文帝的所有疑虑都打消了，并立即下令赦免了周勃。

可见，说话抓住关键是非常重要的。找到说话的重点，是每一个想要成大事者都必须修炼的能力。要学会通过短短几句话，切中对方要害，从而达到说话的目的。

讲话如果抓不住重点、拐弯抹角、不着边际，容易让人厌倦。假如一个说话不着边际、洋洋万言却切不中要害的人与别人谈业务，对方肯定会疲惫不堪，甚至会感到厌烦和恼火。

有这样一类人，他们说话总是找不着要点，让人摸不着头脑，不明白他到底想说什么。这种人好像一直在躲避问题的实质似的，他们的思想不能衔接，别人也难以理清他们的思路。倘若说话总是如此不着边际，会让人无法忍受。

在生活中，人们都不喜欢与说话拐弯抹角、滔滔不绝、说话不着边际的人交流。这样的人会使听话者失去耐心，即使听话者多次看手表，提示时间，他们好像视而不见，似乎没有说完的时候，这样的人令人讨厌至极。

一个有远大抱负的年轻人，不能有这种习惯，否则会影响事业的发展，因为这种不好的习惯，是成功的敌人。凡是工作效率高、有较高管理才能的人，无不说话简练、利落、主题明确。而人们也喜欢和这样的人做朋友，他们恰恰也是事业有成、口碑极好的人。如果只是简简单单地通电话，他们不会有多余的问候和致谢，而是三言两语，直奔主题，还没有等别人反应过来，他们已经说“再见”了。和这样的人打交道真是一种享受。他们不会麻烦人，更不会无端地耗费别人有限的时间和精力。

现实生活中，大多数人愿意穷其一生去学习各种知识，但他们却完全忽视了语言能力的训练和提高，这常常使他们显得木讷呆板。也许在自己的专业领域里造诣很高，但在社交场合，却羞于开口，沉默不语，显得无足轻重，这是人生的一大悲哀。

掌握主动权，才能说服对方

掌握说话的主动权才能最终达到说服对方的目的，正如大多数推销员一样，他们向客户推销自己的商品时，往往不能掌握住说话的主动权，所以才导致最终的谈话失败。

一位图书推销员在向一户人家推销图书时说："您好，我们的图书质量有保障，装帧也十分精美，您需要订购一本吗？"如果这位推销员这样向我们推销的话，那么我们会如何回答呢？显而易见，在大多数情况下，他得到的回答都是："不需要！"由此可以看出，这样的推销员并不是一名出色的推销员。

那么，作为一位出色的推销员，他会更加懂得推销时的说话艺术。让我们来推测一下一位优秀的推销员的推销情况。

推销员：太太，早上好！您家的孩子都上学去了吗？

某太太：是的。

推销员：您的孩子上几年级了？

某太太：大的五年级，小的二年级。

推销员：他们一定都很聪明吧？

某太太：是的，当然。

推销员：他们平时喜欢看书吗？

某太太：有时候看。

推销员：我想我这里有些书他们可能会喜欢……

我们可以想象，这位推销员成功的概率应该是非常高的。为什么？因为他掌握了很好的推销艺术，并且在谈话过程中很好地控制了话题。

要想让双方的谈话获得预期的效果，你就要想尽办法去引导对方。当然，巧设提问是一个不错的选择。抑或是以对方感兴趣的话题开篇，自然而然地将谈话引入你期望的方向。由此来说服对方。

胡佛总统是一个沉默寡言的人，很多记者都无法从他嘴里获得一点信息。然而，一个芝加哥记者却做到了，并且他与胡佛总统谈了两个多小时。

当时，胡佛还是共和党的总统候选人。年轻的里尼提碰巧跟他坐同一辆列车，于是有了一个采访他的机会。在采访初始，对于里尼提提出的问题，胡佛总是以“是”或“不是”作答，接着就是长时间的沉默。虽然里尼提早就知道胡佛就是这样一个人，但场面还是十分尴尬，他不得不想方设法化解尴尬。

此时，火车正在经过贫穷的内华达州，里尼提想到了一个非常好的话题。他面对着窗外，自言自语地说：“在这个地方，想必人们都是用那种古老的方法采矿的。”胡佛立刻应答道：“他们早就不用那种方法了，最新的采矿方法已经在全国普及了。”胡佛的话匣子一下子被打开，他开始不停地说起来，从采矿到石油，从航空到邮政……那个时候，跟胡佛同坐一列火车的人都是当时威望显赫的人，然而胡佛对他们都置之不理，只跟里尼提讲了两个多小时。

这件事情马上被传开了，里尼提从一个默默无闻的记者一跃成为与胡佛总统话交谈最长的记者。

由此说来，话题对谈话起着十分重要的作用。假如话题是不适合的，那么谈话的结果一定不会很理想。

有效地控制话题，对说服一个人来说的确十分重要。苏格拉底以擅长言辞而著称于世，他创立的问答法至今有着经久不衰的魅力，成为谈话的一种经典方式。问答法的核心内容是，我们在与人谈话的时候，如果想要说服对方，当不可避免地要面临一些有分歧的话题的时候，我们需要就这个话题的共同点（相对于分歧）对话题进行控制，一步一步地使对方作出肯定的回答，这样，就可以使谈话朝着对我们有利的方向发展。

我们来看看说话高手是如何用这种方法成功说服他人的。卡尔是一家汽车公司的推销员，下面是他与客户的一次谈话。

卡尔：您好，请您看一看我们公司最新推出的载重4吨的汽车，性价比非常高。

客户：但是我们已经有了一辆载重2吨的汽车，我觉得那更适合我们。

卡尔：嗯，那您觉得载重2吨的汽车要比载重4吨的更加划算，对吗？

客户：是的。

卡尔：那您能不能告诉我，您汽车的平均载重量是多少呢？

客户：2吨。

卡尔：这是个平均数吗？

客户：对。

卡尔：也就是说，您有可能用它来运2吨以上的货物，对吗？

客户：恩。

卡尔：如果装着2吨以上的货物在不是很平坦的地区行驶，汽车承受的压力大于正常的情况，对吗？

客户：是的，这非常正常，我们经常在丘陵地区行驶。

卡尔：恩，我知道，冬天通常是汽车运营的旺季，是吗？

客户：对的。夏天的生意总是很冷清，而冬天却常常会超载。

卡尔：但是，丘陵地区的冬天通常都很长。

客户：没错。

卡尔：所以，您的汽车总是超负荷运载了，是吗？

客户：的确是这样。

卡尔：这样就会影响它的寿命，您说是吗？

客户：的确如此。

卡尔：那么，您想一下，假如您有两辆汽车，在旺季时使用载重4吨的汽车运营，而在淡季时使用载重2吨的汽车运营，两辆汽车的使用寿命是不是都会延长呢？

客户：好像是那么回事。

可想而知，卡尔最终得到了这个订单。然而，从这段对话我们知道，客户在开始的时候并没有想购买汽车，因为他已经有一辆了。在这种情况下，卡尔巧妙地说服了对方，让谈话朝着对他有利的方向发展，最终取得了成功。这就是巧妙转移话题技巧，这种方法对于我们来讲也同样有借鉴意义。

课后实战训练：

语感训练

1. 训练目标

培养自己敏锐的语感，可以迅速而准确地理解文段以及其所表达的含义，并迅速地找到适当且生动的语言，将其连贯、生动地表达出来，这样才能做到侃侃而谈。

2. 方法

积累语言材料越多越好。全部汉字大概有6万个，不过实际上现代经常用到的汉字只有3000多个。我们一般掌握了这经常用到的3000多字，在日常生活中也就大体上够用了。所谓的积累语言素材，主要便是指词汇的积累。如果你的记忆力不错的话，最好将其记忆在自己的大脑中。

善于分辨词的特点。对每个词的词义、程度、词性、色彩及其互相搭配的特点可以有非常细致的分辨，在辨析与使用词语上应当具有“推敲”的意识，使自己更加确切地表达出自己想说的话。

3. 注意事项

注意虚词、词序、熟练编码。要拥有敏锐的感觉以及正确的习惯，让我们的语言意思表达更加正确。

选择具有代表性的、经典的优美文章进行经常性朗读与朗诵练习，不断强化自己对语言的感受力。

第五章　你的形象会说话
——成功的演讲从形象开始

演讲者留给听众的第一印象，就是他的仪容。仪容是一个人的外在美，包括穿着、发式、面容、饰品、手执物品和体态等，它是一个人内在修养、自然条件和外部装饰的有机统一。一个人的自然条件先天形成，很难改变。但内在修养和外部的装饰却可以通过后天的努力得以提高。对于表达者来说，仪容不仅仅是打扮和美容，它体现了表达者良好的精神面貌，包括自信心的展现和友好的态度。

形象升级：人靠衣装，佛靠金装

成功通常是无数细节累积的结果，演讲也是。一个演讲者之所以能够取得成功，其知识积累、会场布置、动作、表情、演讲词乃至着装等每一个环节都是无可挑剔的。但很遗憾的是，很多普通演讲者总是顾此失彼，其中一个重要的因素——着装更容易被忽视，或者在严肃的场合穿着随意的衣服，或者在喜庆的场合穿着正统的衣服。

其实，在演讲中，着装也可以起到重要的作用，它会对人们的形象产生巨大的影响。例如，《着装、向前、成功》一书的作者乔治·莫洛伊认为，在正式场合穿着休闲装的人看上去通常会缺少气势，不容易说服人。对此，他曾经做过无数的研究调查，结果发现，在一个公司里，领导注重形象和不重视形象两种情况下，员工工作效率的差距竟然有10%之多。

事实证明，得体大方的着装会使人的外表看起来积极向上、有成功之感，这样的人不仅自己有一种积极的心理体验，获得更多的自信心和自尊心，也很容易让其他人对他们产生信心和好感。

比如，现实生活中，我们在形容一个成功人士的时候经常会说西装革履、神采奕奕，而甚少说他邋里邋遢、衣衫不整。同样，在演讲中，对于演讲者来说，当他们衣着整齐、全身上下都是熨帖之感的时候，他们就会觉得自己自信十足。对于听众来说，当看到站在讲台上的那个人拖拖沓沓地穿着一条打着补丁的仿旧牛仔裤、白色短袖衬衫口袋里露着钢笔、黑色的西服上面蹭着一片灰尘或肩膀上蒙着一层雪花一样的头皮屑时，他们就会认为这样的人不负责任、不值得尊重；而当看到对方衣着讲究的时候，他们就会认为这样的人有力量、有权威、值得信赖、让人感觉舒服。这就是着装的魅力，看起来是小事，却极大地影响着我们的成败，影响着他人对我们的印象。

所以，在走上讲台之前，你一定要检查一下自己的着装。首先，要根据演讲的主题和听众的情况选择合适的服装。如参加葬礼的时候你的着装就要庄严肃穆，而不要穿诸如一身大红的裙子等不合时宜的衣服；如果是参加酒会，你的着装就要大方、优雅，而不是穿着球鞋、运动服。一句话，一定不要一味追求万众瞩目、不拘一格而让自己过于不协调，影响听众的观感，弄不好这种做法会让你颜面扫地。

下面谈谈演讲者服装款式的选择。

1. 根据演讲者的体型

矮胖型：其着装原则是低领、宽松、深色、面料轻软的服装。注意上下身衣服连同鞋袜要同色，避免穿下摆印花的裙子，裙子不宜太长，质地要柔软轻盈。上衣或外套短一些，以V形领为佳，袖口宜小。女士穿高跟鞋与略带深色的丝袜可以使两腿修长；要避免上身与下身的颜色反差太大；在冬天可根据演讲内容选戴小型围巾且颜色应鲜艳一些；男士适合穿西裤，给人以优雅富态之感。

矮小瘦削型：不能穿太宽大和大格子的上衣，可选穿浅灰色、浅黄色、褐色等有膨胀感的衣服，女士可穿筒形裤子遮盖略高的鞋跟。

高长瘦削型：宜穿带有垫肩的大披领宽松上衣，男士穿夹克很合适，要选择有膨胀感的色调；可穿带有细格条纹和大方格的上衣，裤子不宜过于肥大。女士不要穿窄腰或领口很深的连衣裙，面料图案不宜选直线条，胸部瘦小者不要穿紧身服装。

2. 在服装的颜色方面

在服装的颜色方面，也要多加注意。不同的颜色能引起人们不同的联想，产生不同的心理感受。演讲者要考虑到演讲的内容、演讲的环境、演讲的时间等诸多因素，来进行衣着、饰物方面的颜色搭配。

不同颜色代表不同的含义：白色是纯真、洁净的象征，也给人以恐怖、神圣的感觉；黑色是严肃、悲哀的象征，也给人文雅、庄重的感觉；紫色是高贵、威严的象征，也给人神秘、轻佻的感觉；绿色是青春、生命的象征，也给人恬静、新鲜的感觉；红色是热情、喜庆的象征，也给人焦躁、危险的感觉；蓝色是智慧、宁静的象征，也给人寒冷、冷淡的感觉。

服装的颜色不能太单调，要注意进行颜色搭配。一般来说整套服装最好不超过三个颜色，并按不同比例搭配。演讲者服装配色要考虑到演讲场地的灯光颜色，因为在一般灯光下，所有的颜色都会略发黄色，使原色加深。所以，如果演讲是在晚间进行，选择服装颜色最好是在灯光下进行。

另外，演讲者的服饰款式与颜色一定要与广大听众相协调，衣服如果过于奢侈华美，可能会影响听众的注意力。但如果服装过于随便也不行，一是对听众不尊重、不礼貌；二是听众可能会对演讲者产生不好的感觉。

服装还要与身份协调。演讲者的衣着应该典雅美观、整洁合身、庄重大方、色彩协调，要与自己的性别、年龄、职业等相协调，充分体现出自己的特点与神韵。

3. 注意鞋子的选择

在演讲者的穿着中，什么对其自身的情绪影响最大，衣服？裙子？裤子？帽子？……都不是。心理学家哈默生曾做过研究，证明鞋子对情绪的影响最大。穿一双陈旧的软底的鞋子会让你感到精神萎靡，加深沮丧的情绪。而当你换上一双擦得油黑发亮的皮鞋，迈着大步上台演讲时，你将会信心百倍，雄赳赳，气昂昂。

选择鞋子不应该仅仅追求式样的摩登新潮，还要适合自己的脚型和体型，另外要考虑到整体的协调和演讲内容的限制。

如脚型大的演讲者不宜穿白色的鞋子，因为白色有一种膨胀感，灯光一照更是显眼；身材矮小型的女性不宜穿很高的高跟鞋；等等。

演讲时以穿皮鞋为最常见，无论是男士穿西装、夹克，还是女士穿裙子、休闲服都可穿皮鞋。演讲者穿皮鞋上场显得端庄、高雅、大方。穿皮鞋要注意与衣着颜色相配，要保证皮鞋的整洁。除了有些特制的皮鞋外，最好不要穿钉有铁掌的皮鞋，以免上场时有刺激声而影响听众的情绪。女士的皮鞋跟不要太高，因为太高不利于运气发声。

另外，选用鞋子时还要注意袜子的搭配。穿裙子宜穿长筒袜和连裤袜，裤袜的色泽一般选用与肤色相近的颜色或深色的。

总的来说，在演讲中，灵魂部分是你的思想、情感，演讲中的着装等外在的东西都是为这个灵魂服务的，你的所有技巧都要让听众看到你就想：“这个人看上去很干练、专业，听他的一定没错。”而不是产生喧宾夺主的效果，让对方被你身上夸张的衣裙或配饰吸引了全部的注意力。你需要把握的一个原则就是稳重、大方，你可以随时备上一套深蓝色、深灰色等暗深色的服饰，这类服饰虽然中规中矩不会让你多么出彩，但也不会让他人感觉轻浮，更不会触犯他人的忌讳。

此外，不管你是不是主角，都不要佩戴过于闪亮的首饰或领带，否则很容易分散听众的注意力，让对方认为你不尊重人、轻浮。必要的时候，上场之前，你可以征询一下自己信得过的人的意见，以便随时做出必要的调整。

知礼知节，呈现第一张名片

礼节是演讲者传达给听众的第一个信息，直接影响着听众对演讲的接收。在演讲时一定要知礼知节。

1. 走进会场

在普通的演讲场合，无论听众是否在注意你，都要记得面带微笑走到会场；要是重要的演讲或被邀请的，通常会伴随着演讲主持人陪同，更要显出自己的谦和诚挚、雍容大度，利用眼神与微笑和听众进行无声交流，步履踏实有力地向安排的座位走去。

2. 坐下前后

当与大会主席或者陪同人员共同走到座位前的时候，演讲者应该首先以尊敬的姿态主动邀请对方入座。对方也会礼貌地恳请演讲者入座，这时才可以坐下。坐下后不能交头接耳，也不要与台上台下的熟人打招呼。

3. 介绍之后

主席介绍过后，演讲者应该自然起立，并向主席微微点头致意，最好真诚地从面部、眼神表示出“不敢当”之意以及感激之情。

4. 登上讲台

向主席微微点头致谢后，步履稳健地走向台前，自然地面对听众。此时应当注意端庄大方，精神饱满，举止从容，也应当面露微笑，特别是女性演讲者。

5. 演讲开始

站好之后，先要用诚恳、友好、恭敬的态度向听众表示致谢，用来表示自己对听众的敬意。之后不要忙于开口，最好暂停几秒钟，用亲切且尊敬的眼光环视一下所有听众，表示光顾与招呼的意思，可以起到组织听众，安定听众情绪的有利作用。同时注意深吸一口气，平静一下自己的情绪，避免紧张。

6. 站姿

演讲者普遍是站在前台中间位置，这可以达到纵观全场，最大限度地顾及到周围听众的情绪，让处在不同位置的听众都可以从各自的角度观看到演讲者的表情。除此之外，站位也要顾及到光线，要使光线照在脸上，使听众清楚观察到演讲者的真实表情，不过必须适合，不可以刺激演讲者，使他无法看到自己的听众。至于演讲者的站法，不需要固定模式，只要保证演讲者的言谈举止自然就行。

7. 走下讲台

讲完之后，应说句“谢谢各位，再见”，接着向听众敬礼致意，向大会主席致意，然后走回原座。坐下后，如大会主席和听众以掌声向演讲者表示感谢时应立即起立，面向听众致礼，以表示回谢。

下场时不要太快，可采用上场时的步伐，也可压着演讲情感的节拍稍快或稍慢，如需调换姿态，最后也要一直走到听众看不见的地方再变换为好，切忌突然变换姿态；或急跑，或跳跃，或吐舌头，或抓耳挠腮。这都会有损你演讲的整体效果。

8. 走出会场

大会主席陪同演讲者往外走的时候，听众常常出于礼节鼓掌欢送。这时演讲者更应谦虚，用鼓掌或招手表示答谢，直到走出会场为止。

改掉不良的说话习惯

在日常口语中，人们经常有一些说话的坏习惯，不过在演讲时，这些坏习惯一定不可以发生，否则就像正煮一锅鲜美的汤突然掉进一只老鼠屎那么恶心。

要是一个人的脸上有疤痕，最好使用化妆品或药品加以治疗弥补。同样，谈吐方面的缺陷也能够改变，只要治疗之前，自己能清醒地认识到自己的这些缺点。要是不清楚自己说话存在哪些缺陷，也可以尝试着拿一面镜子对照自己说话的姿态：是不是手势过多，是不是翘起嘴角，是不是表情难看，是不是过于紧张、冷漠、僵硬，是不是强抑声调……

以下几点是人们说话中经常存在的坏习惯，我们可以对照检查，并加以修正。

1. 声音过于尖锐

一个人一旦受到惊吓或脾气大发时，通常会不自觉地提高嗓门，发出刺耳的叫声。一般女性容易犯这种错误，需要多加注意。原因是尖锐的声音相比沉重的鼻音而言，更加难听。你可以用镜子检查自己是否有这样的缺点：脖子有没有感到紧张？血管与肌肉会不会像绳索一样凸出？下颌附近的肌肉有没有看起来明显紧张？要是出现上述情形，你很可能会发出让人讨厌的尖声。这时你便需要当机立断，尽快使自己松弛下来，同时尽量降低自己的嗓门。

2. 说脏话

说脏话是说话的恶习。俗话说习惯成自然。无论什么事情，要是成了习惯，就会很自然地发生。说脏话也是如此，一个人只要养成了讲粗话的习惯，常常是出口不雅，自己根本意识不到。说脏话是一种坏习惯，是非常不文明的表现，不过要克服这种坏习惯也并不是一件容易的事。较为有效的办法是，寻找出在自己口中说出频率最高的粗话，集中力量避免它：首先是改变说话频率，每句话末记得稍微停顿一下；其次讲话前给自己一个提醒，逐渐改变原先的条件反射。出现频率最高的粗话一旦改掉了，克服其他粗话便也就不难了。

让别人代替自己督促也比较重要。当然，这里的“别人”最好是熟悉自己的人，这样督促起来便会更加直截了当。因为有时自己讲了粗话还不自知，让别人督促就可以起到提醒、检查的作用。督促还有另一层心理意义，那便是造成一种不利于原本条件反射自然发生的外界环境，用来促进旧习惯的终止。

3. 口头禅过多

日常生活中，人们经常听到这样的口头禅，像是“是不是”“你知道吗”“那个”“嗯”“对不对”等。要是一个人在说话中反复不断地使用某些词语，必然会对自己说话的形象有损。只是，哪怕是一些伟大的政治家在电视访谈中同样会出现这种毛病。

当然谈话中“呃”“啊”等声音过多，同样是一种口头禅的表现，著名演说家奥利佛·霍姆斯说：“切勿在谈话中散布那些可怕的‘呃’音。”要是你有台录音机，最好将自己打电话时的声音录下来，仔细听听自己是不是有这一毛病。一旦弄清了自己的问题，那么之后在和人讲话的过程中就要时刻提醒自己留心这一点。

4. 说话用鼻音

用鼻音说话是一种常见且影响极坏的缺点，当使用鼻腔发声时，就会发出鼻音。在电影里，鼻音是一种表演技巧，如果演员扮演的是喜欢抱怨、脾气不好的角色，他们往往爱用鼻音说话。在日常交际中，鼻音对于女人形象的伤害比对男人更大，我们不可能见到一位不断发出鼻音，却显得迷人的女子。如果我们期望自己的讲话具有极大的说服力，或者令人陶醉，那么最好不要使用鼻腔，而应使用胸腔发音。正确的方法是，平时说话时，上下齿之间最好保持半寸的距离。

用微笑打造与众不同的亲和力

在这个世界上，如果有什么是廉价但最能获得他人的好感、消除人们的戒备心理的东西的话，那就是微笑。

沙威旅馆的总经理卡洛是个忙碌的人，他每天要面对很多问题，旅馆里大大小小的事情他都放在心上，但是他从来都处理得井井有条。《时代》杂志记者在采访他的时候，他说："我性格中最有用的一部分就是'多数时候都在笑'，因为微笑可以避免很多问题。"

正所谓伸手不打笑脸人，经常保持微笑的人通常很能够受到他人的欢迎。那些聪明的人在和他人交流的时候往往会微笑地与对方相处。对于他们来说，微笑就是一种生活必需品，它就像呼吸和吃饭一样必不可少。世界名模辛迪·克劳馥曾说过这样一句话："女人出门时若忘了化妆，最好的补救方法便是亮出你的微笑。"这就是微笑的神奇力量。在演讲中，微笑法则也是普遍适用的拉近双方距离的好方法。

当在听众面前微笑的时候，眉梢眼角乃至脸上的每条线条都会呈现出向上的趋势，眼睛、嘴角就会像是一弯月牙，听众一看到这种积极、让人开心的表情就会看到你的善意和快乐，然后不自觉地被你的善意和快乐所感染，进而喜欢你，接纳你。这样，双方就能够做到有效的情感传递和心灵沟通，在必要的时候，你可以轻而易举地说服对方，将朋友转化为支持者，将反对者变成朋友。而一位成功的演讲者除非需要用严肃的表情来强化自己的力量感，否则每次发表公众演说的时候只要一出现在讲台上就会满面笑容，那阵势就好像他十分高兴能站在那里，十分高兴能对听众做演讲，十分高兴能够见到大家的样子，听众经常被他的亲切所感染，情不自禁的热情欢迎他。相反，如果他冷冷淡淡、扭扭捏捏地走上讲台，脸上一副很讨厌站在台上演讲、恨不得马上结束演讲的表情，听众也会产生同样的感受。

所以，在演讲中，微笑是一种化解听众的抗拒、不满并赢得听众的支持的利器，聪明的人，一定要要善于利用它。记住，当我们感到紧张的时候，不管忘记什么也不要忘记笑容，当我们开始演讲的时候，就要同时开始微笑，那是对自己最好的鼓励和对听众最大的吸引。

当然微笑要自然、真诚，而且要符合场合的需要。微笑是一种良性的脸部表情，反映出一个人的内心世界，是自信的标志、礼貌的象征、涵养的外化、情感的体现。在演讲中可以象征性格开朗与温和，可以建立融洽气氛，消除听众的抵触情绪，可以激发感情，缓解矛盾。我们可在下列情境中运用微笑技法：

（1）表达赞美、歌颂等感情色彩时应微笑。要博得别人笑，自己首先要笑。

（2）上台与下台时应微笑。这样可拉近与听众的距离，把良好的印象留在听众心中。

（3）面对听众提问时送上一缕微笑是无声的赞美与鼓励。

（4）肯定或否定听众的一些言行时，可以配合着点头或摇头，脸挂微笑。

（5）面对喧闹的听众，演讲者可略停顿，同时脸挂微笑，是一种含蓄的批评与指责。

但是要注意的是，演讲中不能从头到尾一直微笑，否则会让人觉得你戴了一个假面具上台演讲，没有感情的起伏变化。

下列情况请注意：

表现悲痛、思考、痛苦、愤怒、失望、讨厌、懊悔、批评、争论等情绪或状态时不能微笑；

演讲者已完全放开，不觉紧张，没有必要运用微笑来控制情绪时，可不要微笑。

另外，演讲中的笑要随内容和感情变化而变化：有兴奋喜悦的笑，也有冷嘲热讽的笑。演讲中演讲者既要注意用自己的笑容去表达内容，感染听众，也要保证笑的价值，该笑则笑，不笑则止。

标准微笑练习

1. 工具/原料

木筷子，镜子。

2. 方法/步骤

（1）放松唇部肌肉。

试着缓慢地发出Do、Re、Mi、Fa的音，直到高音Do。不要连着念，而是大声并清楚地每个音讲三次，尽量将嘴形做到最满，有利于放松唇部肌肉。

（2）锻炼嘴角弧度。

用门牙轻咬木筷子。将嘴角对准木筷子，两边缓缓翘起，并观察连接嘴唇两端的线是否和木筷子在这种的位置。维持这个状态 10 秒钟。

（3）训练保持微笑。

寻找到自己最满意的微笑之后，尝试对着镜子，训练自己维持这种笑容至少达到 30 秒钟。特别是对容易笑僵，引起尴尬的人来说，更要加强对这一阶段的练习。

3. 注意事项

注意中途要休息，不可幅度过大，毕竟引起肌肉拉伤就不好了。

第六章 语言的修炼
——声音好听你就成功了一半

没有声音，也便谈不上有声语言，演讲自然也就不会存在。要是声音不佳，不仅无法准确无误地表达思想感情，反而会让听众感到厌烦，对影响演讲的效果造成极大的损失。好的声音，不但能够恰当、准确地表情达意，还能娓娓动听、声声入耳。

将情感融入到语言之中

人的声音本身就隐藏着感情密码。例如，将“我爱你”用不同的音调、音量说出来，就能发现其中的奥秘。

演讲要想激情飞扬，首先我们的声音一定要大。这不是有没有麦克风、听众听得到听不到的问题，而是只有响亮的演讲才能震撼听众。如果声音响亮，自己就会越说越有劲，听众会被你的热情所感染。反之，如果你声音很小，自己就会越说越没劲，听众也会像听催眠曲一样昏昏欲睡。此外，响亮的声音能向人传递信任感，而细小的声音在别人听来就觉得底气不足、不值得相信。

极富个性、富于活力、充满自信的声音，能够控制听众的思绪，从而有效传递信息；而平淡无力且无个性、活力的声音则枯燥无味，会让听众昏昏欲睡，自然不能有效地传递信息。可见，声音是丰富演讲、吸引听众的得力手段，它能够令平淡无奇的语言变得丰富多彩。

人的兴奋、悲哀、犹豫、坚定、激昂之类的复杂情感都可以通过声音的高低、轻重、快慢和停顿的变化表现出来，从而使其富有感染力。

润饰声音，与润饰语言同等重要。所以，我们要在思想上重视起来，并在实践中不断练习，以增强自己的声音感染力。为了使所讲的话格外生动和鲜活，讲话的音调须有快慢的变更和轻重的分别。必须注意，应是自然的表达，而不是有意的做作，否则会让人听起来不舒服。

当我们演讲时，可以规定哪几个是重点词或是重点短句，在这些地方突然高声或低声，或快说或慢说，这样能够给人以特别的刺激，因此也就能够给人以特别的注意。很多著名的演讲家都是这样做的。

林肯在演讲时经常很快地讲出许多字，到了他预备要重点说的字句时，便把声音特别地拉长或是提高，然后再迅速把那句话讲完。他常使重要的一两个字所占的时间，比六七个次要的字所占的时间还要长。当我们把重要的字慢慢地拉长声音讲出来时，的确可以显示出其力量而使人注意。如下面的两句话，看哪一句更引人注意：

他一下子就进账 20 万元。

他一下子，就进账 2 万元呀！

照理，2 万元的数目比 20 万元的数目小得多，但是，第一句话语气平平，第二句如果长声慢读，数目虽然较小，可是容易引起听者的注意，而且会觉得 2 万元似乎比 20 万元还要具有吸引力。

毫无疑问，要想提高声音的感染力，首先要了解自己的声音，这个问题很容易被人忽略，因为人们总是以为自己理所当然地了解自己的声音，毕竟在与人沟通与交谈中，自己的声音一直会进入自己的耳朵。但是，我们总是将注意力集中在对方的声音以及其所包含的信息中，而完全忽视了自己的声音。

如何真正聆听自己的声音呢？你可以拿一份演讲稿，甚至一篇文章来练习，练习时用录音机录音，仔细聆听，来分析自己的声音有哪些地方需要改进。同时找一些成功演讲者的录音带听一听，设想你在演讲他们的稿子时又会是什么效果？录下你的声音，和那些演讲大师比较一下，分析大师们演讲声音的特征，从而学会如何有效演练和控制自己的声音，仔细地寻找其中细微的差别与感觉。在这个过程中，我们需要注意以下几点：

（1）声音是否温润。

切忌平直、粗哑、尖利、孱弱的声音。尽量使自己的声音清脆、悦耳。

（2）注意重音的使用。

对于讲话内容的主次，一定要从声音上分别对待，一些重点、关键的词句要使用重音，而对于一些次重点和非重点的内容，则应适当减弱。

（3）调节你的声调、用气、音量、语速。

说话时应使你的呼吸饱满、均匀、底气充足，忌“虎头蛇尾”、高高低低，做到每个词发音清晰、准确。

（4）学会适当在句中使用必要的停顿。

恰当使用重音、停顿、变音、转调和沉默，可以达到润饰演讲的效果。只有反复琢磨声音，像钢琴大师反复琢磨他的演奏一样，饱含真情地弹奏“乐章”，才能体现声音的魅力，才会引起听众强烈的共鸣。

自我练习，充实自我演讲的底气

我们时常发现，有的演讲者虽不乏新颖的内容、充沛的感情、适当的手势，但演讲时间不长，声音就嘶哑了，不得已，只好把力量集中在喉头上，结果声带压力更大，最后变成声嘶力竭的叫喊，大大削弱了演讲的感染力。

在日常生活中，当别人有着饱满圆润、悦耳动听的声音的时候，我们感到异常的羡慕，而且喜欢听他们说话，而如果有些人的声音干瘪无力、沙哑干涩，那我们的内心是很排斥的。因此，练就一副好嗓音是非常重要的。

练声的方法是：

1. 练气

俗话说“练声先练气”，人体想要发声就必须有气息。气息的大小与发声有着直接的联系。气不足，声音无力，用力过猛，又有损声带。所以我们练声，首先要学会用气。

（1）吸气：其方法是吸气要深，小腹收缩，整个胸部要撑开，尽量把更多的气吸进去。大家可以体验一下，另外要注意的是：吸气时不要提肩。

（2）呼气：呼气时要慢慢地进行。呼气时可以把两齿基本合上。留一条小缝让气息慢慢地通过。由于我们在演讲、朗诵、论辩时，有时需要较长的气息，因此在呼气的时候放慢速度，可以达到很好的效果。

2. 练习吐字

吐字似乎离发声远了些，其实二者是息息相关的。只有发音准确无误、清晰、圆润，吐字也才能“字正腔圆”。

在小学的时候，相信大家都学过拼音。一个字有一个音节，这个音节又被分为字头、字腹、字尾三部分。从语音结构来说，这三部分可以称为声母、韵母和韵尾。

吐字发声时一定要咬住字头。有一句话叫“咬字千斤重，听者自动容”，说的就是这个意思。所以我们在发音时，一定要紧紧咬住字头，这时嘴唇一定要有力，把发音的力量放在字头上，利用字头带响字腹与字尾。

字腹的发音一定要饱满、充实，口形要正确。发出的声音应该是立着的、圆的，而不是横着的、扁的。而字尾的作用主要是归音，归音一定要到位，要完整。另外，字尾音不能发的过长，否则就给人特别不好的感觉。

如果你能按照以上的练习要求去做，那么你的吐字一定圆润、响亮，你的声音也就会变得悦耳动听，受大家的喜爱了。

抑扬顿挫，让说出的话充满节奏感

说话不仅可以表现一个人的外在形象，更可以体现出一个人的内在修养。那些讲话磕磕绊绊、没有任何节奏感的人，很少能够打动他人，几乎说不出什么值得人们去注意的话语。只有懂得掌握说话的节奏、思路清晰的人，才会作出成功的演讲。

1. 把握语音变化

口齿清楚、语音纯正、语气生动、表情达意鲜明，这些往往能使演讲更易入耳入心，引人入胜，获得最佳的演讲效果。

演讲要适当地注意声调的配合，以形成波澜起伏、抑扬顿挫的和谐美。

毛泽东的演讲《反对党八股》中有一段话：

这里叫空洞抽象的调头少唱，有些同志却硬要多唱。这里叫教条主义休息，有些同志却叫它起床。

每句结尾都是两个音节，两两相对，显得音节匀称；而且语末音节的平仄相错，讲起来就有声调的高低相配，急缓相间，抑扬相应，听起来声调和谐，清婉悦耳。

能比喻和模拟各种事物发出的声音的词称为象声词。在演讲中，恰到好处地运用象声词描摹事物的声音，能给听众具体、形象的感觉，又有声音和谐的形象美。

蔡朝东在《理解万岁》的演讲中有一段：

一天下午，“轰隆隆”，一发罪恶的炮弹拦腰削断了一棵碗口粗的大树……这时，受伤的战士们继续匍匐前进。“嗒嗒嗒”……敌人的高射机枪追打着，战士们顺着山势向下滚，鲜血浸进了殷红的土地……

蔡朝东运用了模拟声音的手段，十分逼真形象地再现了战士们英勇战斗的情景，使听众如闻其声，如临其境，显示了语言的生动、形象的感人力量。

我们知道，诗歌，尤其是古诗都是讲究押韵的。押韵确能体现出音韵美和旋律美，所以，演讲也可以适当地押韵，讲究一下韵脚的自然美。

毛泽东的演讲《抗日战争胜利后的时局和我们的方针》中有一段：

人民靠我们去组织。中国的反动分子，靠我们组织起人民去把他打倒。凡是反动的东西，你不打，他就不倒。这也和扫地一样，扫帚不到，灰尘照例不会自己跑掉。

这段话的韵脚“倒”“到”“掉”都是同一个韵母，讲起来顺口，听起来悦耳。但切记，演讲毕竟不是诗歌韵文，绝不能舍意就韵。

在演讲中，为了引起听众的注意，加深听众对所讲内容的印象，显示演讲的感人力量，应在演讲中重读某些词句。通过重读，使演讲听起来音调高低起伏、抑扬顿挫，从而收到良好的演讲效果。

2. 把握演讲中的节奏

跌宕起伏的节奏，清晰响亮的语音，是成功演讲必须具备的特点。演讲的节奏能激起千百万听众情感的波澜。演讲者思想感情起伏变化结构的疏密松散，语调抑扬顿挫、轻重缓急以及演讲者的举止等要素，有秩序、有规律、有节拍的组合，便形成了演讲的节奏。

（1）根据会场的情绪和气氛调整节奏。

李燕杰在《德才学识与真善美》的演讲报告中讲到：

> 一位母亲春节时到大学看望儿子，可儿子正在实验室里聚精会神地工作，母亲不忍心惊扰他，便来到了他的宿舍，发现3年来儿子用的被褥基本没拆洗过。母亲很心疼，动手拆洗了被子，又去拆褥子。可是当她把褥子掀起来的时候，眼泪刷地流下来了。

讲到这里，演讲者突然停止演讲，一声不响地眼看着听众达30秒之久，此时的听众满腹狐疑，不知因何这位母亲泪落如珠，她到底看到了什么。

正当人们猜测不定时，他说：“原来整个褥子底下是一片钞票……”

演讲者抓住会场听众的情绪，运用演讲节奏术，使人们将张弛有机地融为一体，既有紧张的“提神”，又有松弛的“休息”，并且能使听众一个劲地往下“追”——褥子底下的钞票哪来的。此刻演讲者就像挥动一根魔棒似的，把听众的心紧紧地收了起来。

演讲者应根据会场听众的情绪，适时地用讲话节奏的停顿去消除听众可能产生的兴奋感。

（2）根据感情表达的需要调整节奏。

曲啸在一次演讲中举到被迫害“戴手铐”的事例，便采用了缓慢的节奏。他说：

> “当时我戴着手铐，我的孩子刚会在地上爬，还不会说几句完整的话，他总是摸着我的手铐，一边摸一边说：‘爸，啥？爸，啥？爸爸这是啥？’我怎么能告诉孩子这是手铐呢？这是关系到一家老小生死存亡的手铐啊！”

这段演讲字字锥心，催人泪下。

演讲节奏是在感情表达需要的前提下，该快则快，该慢则慢，做到“快有章法，慢有条理”。

当演讲者要表达急切、震怒、兴奋、激昂的感情时，快速的连珠炮般的讲话，便能使听众产生一种亢奋感和紧迫感，以激起听者的振奋与共鸣。当要表达悲哀、思索等感情时。则要放慢节奏，使听者产生一种深邃感。

（3）根据演讲内容的变化调整节奏。

语言的节奏变化主要是通过演讲内容的变换来实现的。在适当的地方，插入些诗文、逸事、幽默等类的话语，将理论与生动的形象结合起来，如磁铁一样，吸引着听者欲罢不能，如电光石火，照亮每一个听者的心灵。

总之，在感情、情绪气氛、内容需要的前提下，演讲者进行有急有缓、有断有连、有起有伏、有张有弛的语言节奏的变化，就一定会挥洒自如地弹奏出一曲雄浑悦耳的乐章——“曲终收拨当心画，四弦一声如裂帛”。

（4）演讲中节奏太快的调整。

初次上场的演讲者容易犯的错误是速度太快，像放鞭炮似的噼里啪啦，一个调子，一个速度。他们提醒自己“慢慢慢”后，又趋于慢得平坦，慢得没变化。

这里要提醒初次上场的演讲者，演讲的进度要灵活控制，有快有慢。

就听众对象来说：一些年轻的听众，精力充沛，反应灵敏，他们的思维和举止很敏捷，可快一点；对小朋友、老人家演讲，因为他们接受迟缓，反应不快，可把音节的时值拉长，语流中间停顿可久点，停顿的次数可多些。

就内容感情来说：讲述一些热情、紧急、赞美、愤怒、兴奋之类的内容时，不能以“毋庸赘言”代替，叙述那种无法控制的感情，即表示激动的态度时，叙述进入精彩高潮时等可以速度快点。

表现一些平静、悲伤、庄重、思考、劝慰之类的内容时，讲述一些需要听众特别注意之事时，讲述有关数字、人名、地名时，引起疑问之事时要慢点。

就环境而言：演讲场合大的，速度可慢点；场合小的可快点；听众情绪受到干扰时慢点，情绪旺盛时快点。

学会规范用语，礼貌用语

在演讲的时候学会一定的规范、礼貌用语，可以提高自己在听众心中的地位，有助于演讲的成功。

1. 做到演讲语言的准确性

演讲语言的准确就是要具有科学性，要确切、清晰地表现出你要讲述的事实和思想，揭示出它们的本质和联系。只有准确的语言才能逼真地反映出现实面貌和思想实际，才易为听众所接受。这就要求演讲者准确地使用概念，科学地进行判断，合乎逻辑地推理，字斟句酌地推敲词句。要使语言真正做到准确，必须做到以下几点：

（1）思想要明确。

演讲者如果对客观事物没有看清、看透，处于模糊状态，用语就不能准确。只有思想明确了，语言才能准确。

（2）词汇要丰富。

要精确地概括事物，生动地表达思想和感情，分辨事物和概念间的细微差别，就需要在大量丰富的词汇中筛选出最能反映出这一事物、概念的词语来。

（3）感情要鲜明。

词语的感情色彩是非常鲜明而细微的，只有仔细推敲、体会、比较，才能准确地区别出词语的褒贬色彩，表达演讲者的真实感情。比如说一个人死了，由于感情不同，用词也就不同，如“牺牲”“逝世”“死了”“完蛋了”“见上帝去了”等。这些词虽是一个意思，但却表达了截然不同的感情色彩。

（4）适当运用文言文。

中国的文言文中有好多生命力极强的词句，有的甚至用白话很难确切地翻译出原来之意。演讲中恰到好处地使用一些文言词语，也能增强语言的准确性、生动性。比如毛泽东谈到学习和思想这个问题时，就分别用了“再思”“行成于思”等文言词语，准确地强调了思考的重要。

2. 使用简洁的演讲语言

语言的简洁就是用最少的字句准确地表达出所要陈述的思想内容。或者说，简洁的语言是由一个实质内容或因素所组成，没有不相干的东西或不必要的附加物。恩格斯说：“言简意赅的句子，一经了解，就能常常记住，变成口语；而这是冗长的论述绝对做不到的。”请看他的《在马克思墓前的讲话》：

> 3月14日下午2：30，当代最伟大的思想家停止思想了，让他一个人留在房里总不过2分钟，等我们再进去的时候，便发现他在安乐椅上安静地睡着了——但已经是永远地睡着了。
>
> 这个人的逝世，对于欧美战斗着的无产阶级，对于历史和科学，都是不可估量的损失。在不久的将来就会使人感觉到这位巨人逝世以后形成的空白。

这个仅仅100多字的演讲开头包含了丰富的思想内容和感情色彩，而语言却是如此的简洁、凝练、朴素。如果没有精深的思想和高超的语言技巧是很难做到的。

要做到语言的简洁，首先必须要对自己讲的思想内容认真地思考，弄清道理，抓住要点，明确中心。语言的不清晰是思想不清晰的反映，只有思想的清晰才能做到语言的清晰和简洁。其次要注意词语的锤炼和推敲，力争做到精益求精，一字不多，一字不少，能说明问题即可。最后要注意克服冗长重复的毛病。不必要的重复同废话一样，前者为剩余信息，后者为无效信息，剩余信息过多就会干扰、破坏、打乱听众的思路，影响演讲的效果。剩余信息和无效信息都是对有效信息的一种冲击和湮没，必须彻底去掉。

3. 干净利落地戒掉空话、套话

空话，没有任何实际内容；而套话都是现成的、别人早已说滥了的话，听众早已听腻了。空话套话也属于无效信息，也必须去掉。

我们提倡演讲语言的简洁，却不是为“简”而“简”。简洁不是简单肤浅。我们说的简洁，是以最少的语言表达出最多的内容。如果简洁到了妨碍思想内容顺利表达的程度，那就不应该了。所以必须注意将简洁和“详述”“反复”结合起来把握。如果单纯追求简洁而把这些方法全都舍弃了，那么整个演讲恐怕就只剩下干巴巴的骨架了，不仅不能生动、形象、准确地表达思想感情，反而会失去演讲的感染力和说服力，这也是需要特别注意的。

4. 选择正确的口语

在演讲时口语的选择应注意以下几点：

（1）句式要短小。演讲不宜使用过长的、冗繁的句子。

（2）使用通俗易懂的常用词汇。

（3）使用音节清晰、易于接受的词汇。

（4）多使用简略语。

（5）力图掌握运用一些流行的口头词汇。这些词汇如同季节一样，经常变化，富有生气和活力。

（6）恰当地运用“然而”“但是”“除了”“如果”等关联词，造成活泼生动的气势。

（7）多重复以突出重点。重复，是写文章之大忌，但在演讲中重复一些重要的句子或观点，可以加深听众的印象。

（8）可以较多地使用那些表明个人倾向的词汇。

（9）为适应听众智力变化的过程，应多选择一些带有引导性、启发性的内容。

（10）必须强调和重复你要阐明的主要观点。

熟知口才锻炼的三大法宝

通过调查发现：那些没有经过语言训练的人与受过良好语言训练的

人相比有着很大的差距。当他们面对同样一件事情的时候，没有受过语言训练的人可能会语无伦次，甚至是不知所云，无论表达多少，都可能是废话，没有把意思表达清楚；而那些受过语言训练的人则会言简意赅地概括出来，令人佩服。因此，锻炼口才是非常重要的。

1. 模仿法

众所周知，我们每个人学会说话都是在模仿大人的过程中实现的。我们不仅会模仿爸爸、妈妈、爷爷、奶奶，而且还会模仿周围的人。而这种方法也可用在我们锻炼口才上。通过这种方法，我们一定能提高自己的口语表达能力。

其方法是：

（1）模仿专人。

在生活中找一位口语表达能力强的人，请他讲几段最精彩的话，录下来，供你进行模仿。你也可以把你喜欢的、又适合你模仿的播音员、演员的声音录下来，然后进行模仿。

（2）专题模仿。

当与好朋友在一起的时候，可以先让一个人讲故事或者是笑话，然后其他人进行模仿，看谁模仿的最像。如果大家的积极性不高，可以通过计分的形式刺激大家，最后做出评分，对最好的一组进行奖励。这个方法简单易行，且有娱乐性。只要有三四个人就能进行。所要注意的是，每个人讲的小故事、小幽默，一定要新鲜有趣，大家爱听爱学。而且在讲以前一定要进行一些准备，一定要讲准确、生动、形象，千万不要把一些错误的东西带去，否则模仿的人跟着错了，害人害己。

（3）随时模仿。

在日常生活中，我们随时都会在与他人的交流中度过，因此我们可以模仿身边人，或者是电视节目中的主持人。这样时间长了，口语表达能力就会提高。而且会增加你的词汇，增长你的文学知识。

这里要求要尽量模仿得像，要从模仿对象的语气、语速、表情、动作等多方面进行模仿，并在模仿中有创新，力争在模仿中超过对方。

另外，应当注意的是，进行这种模仿练习一定挑选优秀的对象进行，而且还要挑选那些对自己身心有好处的语言动作进行模仿，同时，一定要有严肃认真的模仿态度，杜绝专拣一些脏话进行模仿，久而久之，就形成了一种低级的趣味，我们反对这种模仿方法。

模仿法是一种简单易学、娱乐性强、见效快的方法，适合各个年龄段的人练习，希望大家能勤学苦练，早日见效。

2. 描述法

相信大家在小学的某个阶段，每次考试的最后一题就是让大家看图说话。这个题目就是考大家的语言描述和表达能力。这与描述法非常像。在我们看到一幅图画的时候，不应该仅仅停留在画面上，而是要联想到现实生活中的很多东西，并通过自己的语言表达出来。

与之前的几种训练方法相比，描述法更进了一步。即使没有现成的演讲词，散文、诗歌等也可以做你的练习材料，你也可以自己去组织语言进行表达。所以描述法训练的主要目的就在于训练同学们的语言组织能力和语言的条理性。

在现实生活中，无论做什么事情，拥有较强的组织语言能力是成功的必备因素。如果没有这种能力，任何人都不能有大的发展，因为它是对你口语表达能力的最好证明，更是基础，因此必须重视。

描述法的基本操作步骤是：

第一步，找到描述的对象，一幅画或一个景物。

第二步，对要描述的对象进行观察。

如果让我们描述一下《秋天的小湖边》这幅图画，我们首先要观察的就是湖周围的场景，是有树、假山、凉亭，还是有游人呢？并且树是什么样子，山是什么样子？凉亭在这湖光山色、树影的衬托下又是个什么样子，这秋天里的游人此时又该是一种什么心情呢？这一切都需要你用自己的眼睛去观察，用你的心去体验。只有有了这种观察，你的描述才有基础。

第三步，描述。描述时一定要抓住景物的特点，要有顺序地进行描述。

描述法最基本的要求就是抓住特点。描述的语言一定要清楚、明白，要有一定的文采，一定要用描述性的语言，尽量生动、活泼。另外，在描述的时候一定按顺序进行，或者是从上到下、或者是从左到右、或者是从中心到四周……千万不要“东拉西扯”，只有这样，才能表达清楚。同时，在描述的时候可以发挥联想和想象。比如，你观察到秋天的湖边有一位白发苍苍的老爷爷，孤独地坐在斑驳陆离的树荫下，你就可能有一种联想，你可能想到了自己的爷爷，也可能想到这个老人的生活晚景，还可能想到“夕阳无限好，只是近黄昏”这个诗句……那么在描述的时候，你就可以把这一切都加进去，使你的描述更充实、生动。

3. 角色扮演法

最初角色一词是出现在戏剧、电影中的。它是指演员扮演的戏剧或电影中的人物。这里提到的角色与其有着相同的含义。

角色扮演法，就是要我们学演员那样去演戏，去扮演作品中出现的不同的人物，当然这个扮演主要是在语言上的扮演。基本的方法步骤是：选一篇有情节、有人物的小说、戏剧为材料；对选定的材料进行分析，特别要分析人物的语言特点；根据作品中人物的多少，找人分别扮演不同的人物角色。比比看，谁最能准确地扮演自己的角色；也可一个人扮演多种角色，以此培养自己的语言适应力。

这种训练的目的，在于培养人的语言的适应性、个性，以及适当的表情、动作。

在这种训练中，最主要的成分是“演”，与朗诵有着很大的区别。它不仅要求声音洪亮，充满感情，停顿得当；还要求将人物的性格充分表现出来。另外，还要有动作和表情相配合。从这个角度看，这个训练是有一定的难度的。但只要我们朝着这个方向努力，我们就会成功。

课后实战训练:

练习共鸣腔

1. 训练目的

（1）追求声音的圆润、集中、响亮。

（2）具有穿透力。

2. 具体做法

首先闭嘴发出“嗯……”音，留神闭口发音时，使气息通过软腭后部，进到头腔。这时气息要是流向正确，可以发出比较清亮的“嗯……”音，之后慢慢张开口（而口腔内依然保持发“嗯……”音的位置）。此时，要是能做到“嗯……”音不跟着嘴巴的开合而出现音色明暗的变化，则表示位置正确。

3. 训练时间

坚持练习 4 周时间；每周练习 3 次，建议早晨练习；每次为 30 分钟。

第七章 肢体语言——能说话的并不只有你的嘴

演讲作为一门艺术，其成功的最大因素是有声语言和非有声语言（即肢体语言）的交融体现，即除了吐字清楚、声情并茂外，还要举止大方、态势潇洒。美国心理学家艾帕尔说：“人的感情表达由三个方面组成：55%的体态，38%的声调及7%的语气词。”这说明了肢体语言的重要性。

记住，演讲要有开放的姿态

身体语言可算得上是世界上最大的间谍，同时它不会撒谎，无法隐藏，常常在你不经意间将你内心的秘密泄露给听众，虽然这种感觉很微妙，却会影响听众的潜意识，使之对你产生不同的印象。比如，开放的姿态如双手摊开、全身暴露在人们面前会让听众感觉你友好、和善、真诚、坦率；而封闭的姿态如双臂抱胸、双腿交叉等姿态却会让听众认为你虚伪、紧张、不安，好像随时都准备撤退、防御、攻击等。

不过，从演讲的目的上来说，不管是什么性质、什么主题、什么场合的演讲，其共同的目的都只有一个，那就是赢得听众的认可、支持和配合，一切有利于实现这个目的方法都可以拿来为我所用，开放的姿态就是其中之一。

1. 走出讲桌直面听众

在所有的演讲辅助物中，讲桌是最能给演讲者安全感的东西。很多人在演讲中为了掩饰自己的紧张情绪或者只是因为惯性，他们总是会自觉不自觉地想找一种依托或遮蔽物把自己藏起来，以为这样自己的表现就万无一失了，即使自己紧张到腿发抖或忍不住搓手心也不会被听众看到。

但事情通常是有两面的，首先，当我们觉得自己万无一失的时候，通常也是错漏百出的时候。同样地，当觉得自己非常安全的时候，你的紧张、不安、不自信也会通过你躲在讲桌后面这个动作显露无遗。要获得他人对你的信任，你首先就要自信，在演讲中，听众对你的信心是来自你的自信，如果你对自己都缺乏自信，听众就会自然而然地怀疑你的权威性和专业性。

更重要的是，从身体语言的表现力的角度来说，当站在讲桌后面，你的双手就会不自觉的前伸，紧紧地抓住讲桌两侧。这样的动作和双手前置提着一把大刀随时准备进攻或防御的姿势很像，它就像是一道防火墙一样，毫不留情地将听众阻拦在外面。如果双手用力撑着桌面，身体的重量一大部分就会压在双手身上，这是一个很典型的人在疲惫至极的时候才会做出的支撑动作。所以，在听众看来，做出躲在讲桌后双手力撑这个动作，不外乎两种可能，第一，你不希望他们配合你；第二，你很累，但显而易见的是，不管听众产生了哪种印象，对你来说都不是什么好事情。

当放弃讲桌这个屏障，走出来正面听众时，双手就会放到身侧或身后的位置，将胸部展示给听众。而在所有的身体语言中，这几乎是一个最为开放的动作。因为胸部是一个相当重要的部位，但同时胸部的防守能力又很弱，将这个部位展示给听众就意味着你已经将自己袒露给对方，从而向听众传达这样一种信息：我是真诚的、坦率的，我愿意和大家进行无阻碍的交流。听众会马上接受到你的信息，并感受到你对他们的信任，继而给予你积极的回馈。

2. 避免封闭性的身体语言

封闭性的语言通常是和拒绝、防守、抵御、紧张、不安等负面情绪联系在一起的。当我们总是做出封闭式的身体语言，人们就会知道你有点紧张或者不欢迎他们。相反，如果能够采取开放式身体语言，你的热情、真诚等积极的情绪就会无法抑制的显露出来，使你看起来充满了亲和力和信赖感，从而吸引人们来关注你。身体语言会让你看起来有亲和力和信赖感。

所以，在演讲中，我们要尽可能地避免封闭性的身体语言。

在演讲中加上自己的姿势语言

在说话中，用身体的运动姿势去辅助语言，可以更准确、更有效地表情达意，从而形成一种动态的形象，减少由于单调而带来的疲倦感。这种动态的表现有两种：一种是有意的，具有明确的意义，可代替语言沟通，如点头表赞成，摇头表反对或不知道；另一种是无意的，没有确实含义，只是伴随有声语言而做动作，如随意性挥手。

1. 学会使用手势

在身体的运动姿势中，手势是最富有生命力的，手的表达能力仅次于脸部的表情，因此，我们说“手是人的第二张脸”，是特殊的说话表情。在一般的说话情况下，手摆放的位置要自然、得体，切忌插在衣袋里，或者双臂交叉放在胸前。那样，会显得对听众不尊重，自己也好像被捆住了一样，手势的使用要为听众所理解、接受，要服从说话内容的需要。

手势是一种表现力很强的体态语言，它通过手和手指间简单的活动变化使所要表达的思想和情感内容更加丰富多彩，从而使讲话的吸引力和说服力更强，所以，有人说："手势是口语表达的第二语言。"

2. 学会用首语

所谓首语，实际上是指通过头部活动传递的信息。它囊括侧头、点头、昂头、摇头、低头等。这里所论述的首语，只是指头部的整体活动传达的信息，并不包括头部的器官传递的信息。

歪头、侧头。也包括多种含义，可表示思考、天真。像是小孩子在听大人说话或者在思考一个问题时，总喜欢歪着头，并托着腮帮。

昂头可以用来表达胜利在握、目中无人、充满信心、骄傲自满等。头一直往后仰，还表示陶醉。

摇头表示这样一些意思：否定、怀疑、不满、拒绝、反对、不理解、不同意、无可奈何等。

点头可以表达这样一些意思：感谢、肯定、致意、赞同、应允、同意、承认、满意，也可以表示理解、顺从等情绪。

低头表达的情绪有：听话、顺从、委屈，也可以表达另有想法等。

在首语的运用方面我们需要注意以下一些原则：

（1）动作要明显。

特别是它发挥替代功能之时。像是究竟是点头还是摇头，需要让对方看清楚，正确领会。

（2）要注意配合其他交际语言共同使用。

像是点头时配合说："嗯"，就不会产生误会。也可以配合其他肢体语言使用。有很多成语便体现了这一特点，像是"昂首阔步""点头哈腰”等。

（3）要注意一些文化存在的差异。

前南斯拉夫的塞尔维亚人表示同意便是把头向前伸，土耳其人表示不同意要把头抬起来，尤其是保加利亚与印度的某些民族，用摇头表示肯定，用点头表示否定，和我们的日常习惯恰好相反。这便要求我们在和这些存在文化差异的民族交往之前，首先有必要弄清楚他们的习惯。

（4）要注意与声音语言的自然配合。

要做到动作明显，可以让对方正确理解以免误会。

（5）首语的使用频率不能过高。

尽管在聆听对方说话时，适当的点头或者侧头会使说话的人感到你在用心听，不过过高的使用频率却会影响说话者的注意力或感觉到有点肤浅。

用最好的姿势展现自己

在演讲时表现自然、大度，无疑会为演讲增色添彩。以下是演讲者需要注意的姿态：

从走上讲台开始就抬头、挺胸、打开肩膀、收腹、深呼吸，使气息深入到肺部的最底部，这样一方面可以让我们的身板挺起来，另一方面深呼吸也可以使你气息平稳、保持镇静。

尽可能将手表、资料等放到不起眼的地方，不动声色地查看，如果确实需要，请将物品拿起来，将手臂抬至胸部前上方自然地查看。无论如何，不要低头看，那会让你不自觉地弯腰。

站姿也是演讲时的最佳姿势，演讲时的站姿也有一定的讲究。总体来说，要求演讲者挺胸、收腹、精神饱满，演讲者只有采用自己认为最好的姿势才能更好地表达自己。演讲站姿有以下几种。

1. 自然式

两脚自然分开，平行站立，与肩同宽，间距约 20 厘米为宜，太宽会影响呼吸和声音表达，太窄则显得拘束。

2. 前进式

这种姿势是演讲者用得最多，使用最灵活的一种站姿。右脚在前，左脚在后，前脚脚尖指向正前方，或稍向外侧斜，两脚延长线成 45 度左右的夹角，脚跟距离在 15 厘米左右。这种姿势重心不固定，可以随着上身前倾与后移，分别定在前脚跟与后脚上，不会因时间长身体无变化而显得死板。另外，前进式能使手势动作灵活多变。由于上身可前可后，可左可右，还可转动，这样能保证做出不同的手势，表达出不同的感情。

3. 稍息式

一脚自然站立，另一只脚向前迈出半步，两脚跟之间相距约 10 厘米，两脚之间形成 75 度夹角。运用这种姿势，形象比较单一，重心总是落在后脚上。一般适应长时间站着演讲中的短期更换姿势，使身体在短时间里松弛，得到休息。一般不易长时间单独使用，因为它给人一种不严肃的感觉。

4. “丁”字式

一只脚在前，一只脚在后，两脚之间呈垂直的“丁”字形，两腿前后交叉，距离不宜超过一只脚板的长度，全身重心放在前脚之上，后脚跟略微提起。

在演讲中，手放置在哪里往往也让某些演讲者很头疼。如果手没有任何动作的话，很多人就不知道该放在哪里，最后因为手的位置单一导致整个人都很僵硬，显得非常小气。所以，如何处理手的位置，也是演讲者必须面对的事情。

手应该放在哪里？不同的人应该放置在不同的位置上。如果是男士，在坐着时，双手如果没有任何动作时，应交叉握在胸前，这是力量决策型的握法；或者微微握拳，自然下垂，这是一个最基本的姿势。如果是女士，坐着时就不适合用双手交叉相握的方式了，而应该采用双手上下反扣的姿势，平放在胸前，这样看上去比较优雅。

在台上的时候，有些地方一定不要放手，一般腰身以下的部位都不要放。有些人大腿或者其他部位感觉不适的时候，就用手去挠痒痒，这是非常失体面的举动。还有人把手放在裤兜里，这也是很不雅观的，一方面显得不尊重别人；另一方面有些人把手放在口袋里面，以为别人看不到就会乱抓，形成这个习惯以后，当你的手不在口袋里面的时候也可能会乱抓，结果被大家看到，影响自己的形象。手也不能放在裤子旁边，因为人如果紧张，手可能会突然抓一下衣服，如果穿着裙子，就会特别难看。穿着裤子时，不要挽起裤角，这也是很不体面的。

不要把手放到背后，那有点儿像小学生回答老师的问题，太规矩了反而让人觉得你的威严不够或者十分呆板。手也不要做任何小动作，因为有些小动作不经意间显得非常不雅观，比如提裤子、绞衣角等。

如果你在讲台后面，你可以将双手自然地放在讲台两侧。如果没有讲台的话，可将双手自然垂在身体两侧，也可以用手来操作演讲设备，如握住提示卡、笔等。总之，无论在什么情况下，都要让手放对地方。

用面部表情去感染听众

表情是一个人内心世界的外在表现，它也是反映演讲者心理状况的“晴雨表”，我们可以用面部表情来调节气氛，帮助自己表达思想。明白常用表情的含义，把它们正确地运用到自己的演讲中，能起到很好的辅助表达的效果。

面部表情与眼神是密切相关的。其实，眼睛的传神常常是与面部其他部分的活动相配合进行的。眼神离开了面部其他部分的活动，其表情达意作用就必然受到影响。面部表情非常丰富，许多细微复杂的情感，都能通过面部的种种表情来表达，并且能对口语表达起解释和强化作用。演讲者要善于体会面部表情的各种细微差别，并且要善于灵活地驾驭自己的面部表情，使面部表情能更好地辅助和强化口语表达。

适当运用面部表情，要适事、适情、适度，适时、要做到真实自然，喜怒哀乐都要随着演讲内容与思想情感的发展需要而自然流露，千万不可“逢场作戏”，过分矫揉造作，那样会让人感到滑稽与虚伪。也不能够面无表情，一脸严肃，令人感到枯燥压抑。演讲者的面部表情和口语表达一定要协调一致，要可以鲜明准确地反映自己内在的思想情感。面部表情以及有声语言的表情达意应当同步进行。为了合理交流感情，传递信息，千万不可以表现出讥讽、油滑、傲慢、沮丧的表情。这些表情都会在听众中产生非常恶劣的影响，形成“离心效应”。

美国著名教育家卡耐基在谈到罗斯福的演讲时，称赞他全身就像是一架表现感情的机器，他满脸全是动人的情感，这样令他的演讲更勇敢、更有力、更活跃。当代著名演讲家、演讲理论家邵守义，他在演讲时脸部表情也十分丰富，时常表现出复杂的思想情韵。

在演讲中，微笑和平和是脸部表情的主要内容。

不能让演讲带来的紧张压力将你的脸变成一张紧绷的“扑克脸”。自然的面部表情能够为有效沟通提供又一条渠道。一般来讲，面部表情的变化首先在于预报了气氛或心情的转换。像是那句老生常谈“但更为严重的是……”这时利用一副忧心忡忡的模样替代原本欢欣愉快的面容是一种更为高明的过渡。

你没有必要事先对着镜子练习微笑、鬼脸以及怪相——你所需要做的仅仅是在正常表情的基础上略显夸张而已。在近距离接触中，可以发生作用的微妙脸部变化，后排听众是感觉不到的。

很多普通的演讲者不懂得运用自己的面部表情，无论内容怎样转折变化，无论感情怎样波澜起伏，自始至终都是一种表情，就像是面部表情和思想感情的变化没有任何关系一样。这不仅会给听众一种麻木、呆滞的错觉，而且对自己思想感情的表达也没有任何益处。

要丰富脸部表情，就要多多了解脸部表情的意义。

（1）突出下颌代表攻击性行为。

（2）抚弄下颌代表掩饰不安或胸有成竹。

（3）缩紧下巴代表畏惧与驯服。

（4）下颌上抬，将鼻子挺出，是自大、傲慢、倔强的体现。

（5）伤心时嘴角下撇，开心时嘴角后拉，仇恨时咬牙切齿，惊讶时张口结舌，委屈时噘起嘴巴，忍耐时咬住下唇。

（6）用手摸鼻子，代表怀疑对方。

（7）用手摸耳垂代表自我陶醉。

懂得了面部表情的含义，那么运用到演讲活动中，我们应当怎样运用呢？建议如下：

表示愉快时，眉毛平展，眼睛平眯，面颊上提，嘴角后拉，瞳孔放大。即是“眉毛胡子笑成一堆”。

表示有兴趣、高兴、幸福、兴奋、快乐时，嘴角向上，眉毛上抛，口张开，鼻孔开合程序正常，瞳孔放大，有时伴有流泪、笑声或拍打身体等动作。

表示不愉快时，眉毛紧锁，面颊下拉，嘴角下垂，面孔拉长，即是

“拉得像个马脸”。

表示嘲笑、蔑视等表情时，眉毛平或撮，视角斜下，抬面颊。

表示生气、发怒的表情时，眉毛倒竖，嘴角拉开，眼睁大，紧咬牙关。这种表情最富攻击性，演讲中不要用过头。

表示哭泣、痛苦等表情时，眯眼、张开嘴、皱鼻、皱眉、嘴角下拉，配合有声传递（演讲中这种表情不能使用过度）。

表示恐惧、惊愕的表情时，眼睛与口张开，眉毛高扬，倒吐凉气。

学会让眼睛“去说话”

眼睛的神态在演讲与交谈中具有重要的表情、表意和控场作用。在与听众的交流中，有经验的演讲者，总是能够恰如其分地、巧妙地运用自己的眼神，去表达千变万化的思想感情，调整演讲和现场的气氛，影响听众以收到最佳的效果。反之，凡是不成熟的演讲者，总是一站到台上，就把自己的眼睛“藏”起来，不是低头看着自己的讲稿或看着地板，就是抬头看着天花板，转头看着会场的外面，从不正视听众，像这样的演讲，可以肯定地说，其结果只能是失败。

眼睛一定要配合着眉毛的变化，眉目传情意义更加广泛。欢乐时眉飞色舞，眉开眼笑；忧愁时愁眉不展，双眉紧锁；愤怒时虎视眈眈，横眉怒目；顺从时目不转睛，低眉顺眼；戏谑时暗送秋波，挤眉弄眼；畅快时炯炯有神，扬眉吐气。

我们在运用眼神时，应当和演讲内容以及思想感情的变化相一致，像是视线向上是代表傲慢、思索的意义；视线向下表示愧悔、忧伤、羞怯的意义；环顾左右则是心绪不宁、神情慌张的表现。所以，眼神不可以从始至终一动不动，无动于衷地直视，更不可以滴溜溜地乱转，要不然听众不能从丰富多彩的目光变化中，准确领悟到演讲者所要表达的主题。

除此之外，在运用眼神时，还应当格外留心：一要形式多种多样，明确表意。演讲内容的波澜起伏，演讲情感的抑扬顿挫，到处都可以通过眼神来表现。丰富多彩的内容与情感，也必定要用多样化的形式来反映，单调的眼神肯定不能惟妙惟肖地传递丰富复杂的情感。运用眼神和听众交流，还必须让听众一看就可以明白，不会导致疑惑或发生误解。二要兼顾全场。除了特殊需要外，视线要不断地向前面转移，顾及全场听众。这样不但有利于和听众交流思想情感，而且可以及时从听众那里得到反馈信息，以便调整自己的演讲。

尤其要注意的是：视线的运用通常是各种方法综合考虑，交叉运用的，同时要依照内容的需要，准确控制情感的节拍，配合有声语言形式与身姿、手势等立体进行，协同体现。

面部肌肉的运动可能相比手势语而言更显意味深长。要是表现一个人的绝望，他可以坐到凌乱的杂物中间，脸上表现出绝望的表情，也可以挥舞手臂，吼声从车背后大声传出来，两者的效果没什么区别。

演讲中的目光语很重要，要想用好目光语就要讲究技巧，下面介绍运用目光语的几种方法：

1. 前视法

就是演讲者视线平直向前而弧形流转，立足听众席的中心线，以此为中心弧形照顾两边，直到视线落到最后的听众头上，视线推进时不要匀速，要按语句有节奏进行，要顾及坐在偏僻角落的听众。

2. 环视法

有节奏或周期地把视线从听众的左方扫到右方，从右方扫到左方或从前排到后排，从后排到前排。视线每走一步都是弧形，弧形又构成一个整体——环形。这种方法要注意中间的过渡，由于其视线的跨度大难免有为视线而视线之嫌，演讲时要注意衔接。这种方法主要用于感情浓烈、场面较大的演讲。

3. 侧视法

用“Z”形或“S”形运动视线。此法在演讲中用得较多。

4. 点视法

在很特殊的情感处理与观众的不良反应出现时，可大胆运用此法，此法很厉害，对制止听众的骚动情绪有很大好处。

5. 虚视法

即“眼中无听众，心中有听众”。这种方法在演讲中使用频率很高，尤其是初上场的演讲者可以用它来克服自己的紧张与分神毛病而不至于使自己看到台下那火辣辣的眼神而害怕。这种方法还可以用来表示演讲时的愤怒、悲伤、怀疑等感情。

6. 闭目法

人的眨眼一般是每分钟 5 ~ 8 次，如果眨眼时间超过一秒钟就成了闭眼。演讲中讲到英雄人物英勇就义，演讲者和听众极度紧张，心情难以平静时，可运用此法。

7. 仰视法和俯视法

在演讲时不要老是注意听众，可以根据内容运用仰视和俯视，如表示长者对后辈的爱护、怜悯与宽容时不时把视线向下；表示尊敬、撒娇或思索、回忆时可视线向上。

要特别说明的是：视线的运用往往是各种方法综合考虑、交叉运用的，同时要按照内容的需要，控制感情的节拍，配合有声语言形式和手势、身姿等立体进行，协同体现。

课后实战训练：

肢体语言训练

1. 训练项目

手势语言训练。

2. 训练目的

学会准确、自然、灵活、适当地使用手势。

3. 训练方法

找一份训练材料（最好是抒情散文或演讲稿），找一找、分析一下哪些地方应该加上手势以及应该加什么样的手势，在相应的地方进行标注，如下面的训练材料中所示。

对着镜子，把训练材料贴在镜子一边，朗读材料，在标注过应该加手势的地方刻意加上手势，从镜子里看看手势的效果。

该训练可以和前面普通话及语音、语调、语速训练一起进行，每天训练 10～30 分钟，在训练时，注意揣摩一下手势的含义。

在训练一段时间之后（如一周），用录像设备将自己的朗读过程录下来，录的时候不要对着镜子训练（有些人看着镜子的时候知道怎么做动作，但离开镜子就做不好了）。

观看自己朗读时的录像，找出不准确、不自然、不适当、不灵活的手势，再重新朗读一次，改正这些不太好的手势。

根据内容，创新一些手势，从镜子中看自创手势的效果。

4. 训练时间安排

每 3 天进行一次训练，共需 30～60 天，每次训练约 30 分钟。

第八章　积累话资本——想说也要有内容说

演讲并不是有勇气站上台去说给别人听就行了，一次演讲能反映出一个人的知识文化水平。要通过学习丰富自己的内涵，用知识来武装自己，这样才能在演讲中有更好的表现。

多读书，让自我的肚子里有些货

曾任哈佛大学校长30多年之久的叶洛特博士，告诉过我们这么一句话："我仅承认一件事，是受过教育的男女们，在知识上所应得的收获，那就是：能够正确优美地使用基本国语！"或者你们要问，如何才能做到文字熟练，并能优美准确地讲出来呢？——这是一件公开的秘密，所用的方法，既不奇异，更非幻术，说穿了原是平凡之至，那就是"应该博览群书"。

不错，书，就是真正秘诀的所在，要增进自己的知识，充实讲话所用的词句，应该多多阅读书本。

古语说："工欲善其事，必先利其器。"话虽然古老，道理却直到现在依然适用。语言具有多种变化，但在演讲过程中，仅仅靠语言技巧是不足以应付变化的，如果一味地追求技巧而不注重培养自身的素质和文化内涵，最终也只能黔驴技穷。因此，要想让自己在演讲时更出彩，就必须不断积累知识，注重口才的培养。

知识是一把利器，有了这把利器做基础，演讲才会让人信服。人的记忆有限，不可能对各种知识都有精湛的了解，但是所谓的常识却是可以掌握的。有了这些常识，就能够在演讲当中巧妙地运用，针对不同的听众开启不同的话题。要知道，厚积才能薄发。

1924 年 5 月 8 日，印度著名诗人泰戈尔在北京迎来了 64 岁寿辰。当时北京的许多学者都前去为他祝寿，他们在东单三条的协和礼堂为泰翁举行了祝寿仪式。

胡适代表学术界首先登上讲台，向这位受众人景仰的老寿星致祝词。而后，梁启超说道："不久前，泰翁笑说想让我替他起个中国名字。恰逢今日这样的好日子，我想到说从前印度人称中国为'震旦'，原不过是'支那'的译音，为泰翁选用这两个字为名有很深的象征意味。从阴暗雾霾之中必然一震，万象复苏，刚在扶桑沐浴过的丽日，从地平线上涌现出来。'泰戈尔'原文正是集合了这两种意义，意译成'震旦'二字，再好不过了。从前自汉至晋而西来的'古德'（古德就是古代有道德的高僧），他们都有中国姓名，其姓氏大半以所来之国为姓，如支娄迦谶从月支来便姓'支'，康僧会从康居来便姓'康'，而从天竺——印度来的都姓'竺'，如竺法兰、竺佛念、竺护，都是历史上、文化上有杰出贡献的人。今天我们真诚敬爱的印度诗人在他所爱的震旦度过他 64 岁的华诞，我怀抱着诚恳、喜悦的心情，以两国情谊永长为意义，赠给他一个新名，叫'竺震旦'。"

听到这里，全场的学者全都鼓起热烈的掌声来。

梁启超停了一下后，接着说道：“我在这名字当中给予希望，希望我们对于他的敬爱和景仰，能随着这名字一起，永远嵌在他的心上。而印度人和中国人的昔日情谊，能够借‘竺震旦’这个人重新燃烧起来！”

这番讲话可谓是精彩又有内涵，其中既包含着丰富的历史文化知识，还包括“泰戈尔”的外文含义。让整个讲话不仅引人入胜，还妙趣横生。尤其将史实文典与为泰戈尔命名这一话题巧妙地结合起来最为精彩，让全场响起了热烈的掌声。

我们在日常生活中，要多读书多看报，了解世界的动向，经常关注身边的事，吸取对我们有用的东西，了解世界各地的文化风俗习惯或人物的特性，以及时尚风向、艺术新作、近期流行服饰、电影戏剧作品，等等。在了解中学习、积累、思考，开阔自己的视野，就能在各种场合当中有出色的表现。

注重一些热点事件与知识点

什么是热点话题呢？

热点话题是指一定时间、一定范围内，公众最为关心的问题。如当前社会的热门话题应该就是人民群众最关心、最直接、最现实的教育、社保、医疗、楼市、股市、劳动就业问题等，这些热点问题近年来很多都是通过互联网而引起公众强烈关注和政府实际干预的。

近日，百度发布“2014 网络沸点”，并及时发布六大榜单，其中，低碳生活、中国梦、改革、民生、城镇化、反腐倡廉“打老虎”、住房问题、食品安全等热议话题全部入榜“2014 网络沸点 · 十大民生话题”，成为极为重要的榜单之一。这些全是中国新时期的热点话题。

对于前总理温家宝对一系列热点话题的回应，中英贸易协会主席、欧盟中国贸易协会主席白乐威感慨地说：“我听到了一次美妙绝伦的演讲。温家宝总理用事实和数字说话，任何人都无法驳倒他。这就是力量。”

热点话题通常可以分为两个方面：民生、国计。从民生方面来说，即是和群众利益以及生活密切相关的民生问题。像是扩大就业问题、住房与社会保障问题、稳定物价问题、教育与卫生体制改革等问题。从国计方面来说，即是有关改革发展的重大问题。像是有关政府机构改革问题、金融体制改革问题、宏观经济调控问题、气候变化问题以及环境保护等问题。

下面是2014年清华毕业典礼马云做的演讲。以下为马云演讲稿的部分截取：

> 首先恭喜大家！祝福大家！这是中国最了不起的一所大学之一，尽管在我心里面中国最好的大学是杭州师范大学。大家有没有觉得学校的知识总是不够用，但是社会上的知识是取之不尽的。杭师大给了我学习的能力，获取知识的能力。清华很好，但是清华的知识永远是不够用的。而你们今天所得到的这个能力是取得自身的能力。我看到今天那么多阳光灿烂的笑脸，30年后不忘初心，依旧是这样的笑脸，这才是成功。
>
> ……
>
> 在座的所有人今天毕业于这个纠结的时代。这个时代看起来充满着怀疑，充满着各种不信任。学校的老师对学生是不信任的，学生对老师不信任；媒体对大众不信任，大众对媒体不信任；老百姓

对政府也有各种的不信任。这世界看起来缺乏各种各样的机会，但这世界看起来又有各种各样的机会；这世界看起来年轻人似乎是可以无所不能，什么事情都可以做，但看起来年轻人什么事情又都做不了。所以我觉得这是一个纠结的时代！很恭喜大家来到了一个很了不起的纠结时代。因为纠结是一种变革，因为我们正在进入一个变革非常快速的时代。如果没有变革，就不会有阿里巴巴的今天。阿里巴巴和马云有今天，就是因为前30年中国的变革。

……

但是我想跟大家讲讲我心里的感受：未来30年，中国的变革会更大，机会更大。从我这个行业来讲，这个世界从IT时代正在走向DT时代，这两个字背后的思想、文化、社会方方面面都会发生很大的差异。

……

我们看了《中国合伙人》，这个电影很好，但是这个电影有个很大的问题：男主人公老哭。其实创业者是不哭的，是让别人哭。所以我们永远相信未来，相信年轻人，相信别人。我如果不相信别人，阿里巴巴的程序写不出来；我如果不相信别人，今天的市场不会做得这么大。我们只是告诉大家什么是我们要坚持的。

……

第三个我希望大家坚持正能量，乐观地看待问题。我是犯过无数错误的人，今天的阿里在前面15年内至少有100多次灭顶之灾都过来了。可以这么讲，今天再来一遍，我们今天的人比那时候的多，我们今天的人知识和能力比那时候强，但是重新再走一遍我们一定走不出来。但是我们怎么走出来的？我们坚持乐观，我们相信这个世界你不成功有人会成功；我们相信阿里巴巴，淘宝能做得出来，一定有人做得出来；我们相信有人花更多的时间在学习这些东西，只是看我们是否够运气。所以我后来给自己一个座右铭，也是给所有年轻人，给我同事的座右铭："今天很残酷，明天更残酷，后天很美好，但是绝大部分人死在明天晚上"。这就是残酷的生活。所以你今天必须很努力，才能面对明天的残酷；明天你必须很努力，才有可能看到后天的太阳。但是绝大部分人看不到太阳，你光努力还不够，还要有运气。运气从哪里来？运气就是自己好的时候多想想别人，自己不好的时候多检查检查自己，我相信会走过来。

从马云的这篇演讲稿中马云选择了热点话题，比如改革、就业、创业等问题。演讲时也提到现在的热词——正能量。

多选择热点话题来进行演讲，既可体现了演讲者关注社会、体察民情的宽阔胸襟和人文情怀，还能陶冶自己的情操，提升自己的品位。

巧妙地引用熟语、运用数字

演讲必须有根有据才会具有说服力，其中有很多高超的语言技巧，巧妙地引用熟语、运用数字，能大大增加语言的感染力，收到意想不到的奇妙效果。

优秀的演讲者都善于利用一些技巧，来增加语言的感染力，其中，引用熟语和运用数字是人们善于运用的两种技巧，巧妙地加以运用能收到意想不到的奇妙效果。

熟语包括成语、俗语、谚语、歇后语等，在辩论中或交谈中巧妙地运用，能大大增加语言的感染力。

我们来看一看美国和苏联的两位总统是如何运用熟语的。

1988 年 5 月，美国和苏联两个国家的领导人进行会谈。在欢迎仪式上，戈尔巴乔夫说：“总统先生，听说你很喜欢俄罗斯谚语，我想在你收集的谚语里再补充一条，那就是‘百闻不如一见。’”

在场的人都知道戈尔巴乔夫指的，当然是宣称他们在削减战略武器上有行动了。

当然，美国总统也不示弱，他彬彬有礼地回敬道：“是足月分娩，不是匆忙催生。”

里根的谚语形象地说明了美国政府不急于和苏联达成削减战略武器等大宗交易的既定政策。

两国领导人经过紧张磋商，在某些问题上还存在分歧，都表示要继续对话。戈尔巴乔夫担心美国言而无信，于是便在谈话中用谚语加以提醒：“言必信，行必果。”

那时里根也送给戈尔巴乔夫一句谚语：“三圣齐努力。森林就茂密。”

在交谈中，人们运用熟语，以增加语言的表现力。熟语就好比是调味品，必须用得准确，恰到好处，才能起到“调味”的作用。用得多了，就会流于肤浅和滑稽，令人生厌。

数字在言谈中也是有很大的威力。在一般人眼里，数字是枯燥乏味的。其实不然，数字本身具有一种非凡的力量，如果能够巧妙地加以利用，照样能发挥出意想不到的作用。

30 多年前，美国纽约的一位女议员贝拉·伯朱格曾进行过一次呼吁妇女平等的演讲。她的演讲极具说服力。其中有一段是这样的：

“一个月前，我在国会倾听总统对全国发表讲话。在座的有七百多人。我听到总统在说：

‘这里聚集了美国政府的全体成员，有众议员、参议员，还有最高法院的成员和内阁成员。’我环顾四周，在700多名政府要员中只有17人是女的；在435名众议员中只11人是女的；100名参议员中只有一个女的；内阁成员中没有女的；最高法院中也没有女的。”

贝拉·伯朱格的话简练而精确，极具说服性。因为她懂得数字的威力。不管你是谁，也不管你是否同意她的观点，在这几个确凿的数字面前，你不得不承认在生活中的确存在着性别歧视。

可见，对比性的数字显然比无比较的罗列数字，具有更大的说服力。我们在言辞中应善于将有关数字对比地表述出来。

引经据典，增强演讲的说服力

所谓“经典”，是源于这些道理和观点经受住了时间长河的洗礼，被证明是权威且令人信服的言语。所以，经典的说服力是很强大的。正是因为经典具有巨大的说服力，因而经常被很多高明的领导巧妙引用在演讲中，作为用来增加自己演讲的说服力的砝码。这种引用，我们称之为引经据典。

2008年5月，俄罗斯新任国家元首梅德韦杰夫到北京大学开展了一期演讲。面对600余名北京大学师生代表，他阐述了未来俄中发展战略合作关系的设想与希望。这位被称为经常引经据典的元首，在演讲中不时引用中国传统文化经典内容，像是《论语》中的“学而时习之，不亦乐乎”，以及老子的“使我介然有知，行于大道，唯施是畏”等语言，来增加自己的演讲魅力。

甚至中国的俗话也被梅德韦杰夫引用到演讲中：

“中国有句话，‘长江后浪推前浪，一代新人换旧人’。高等学府培养一代代学者与思想家，他们肩负着经济、科学、政治、文化领域创造新成就的重大责任。”

梅德韦杰夫旁征博引，引经据典，赢得了北大学子们如雷般的掌声。

深得民心的前任总理温家宝，也是一个爱好并且善于引经据典的高手。我们经常能在他的讲话中找到一些经典的影子。比如2006年他在人民大会堂回答中外记者提问时，就引用了数条古语、诗文和典籍。如“思所以危则安，思所以乱则治，思所以亡则存。”这句话出自《新唐书·魏征传》，意为告诫人们要增强忧患意识，居安思危，表明了他对当前中国所面临的现状有着清醒的认识。在回答有关两岸关系的问题时，温家宝还说：“中国有一句古话，叫做‘得道者多助，失道者寡助。’”

温家宝在回答中外记者提问时引经据典，言简意赅，让人们再次领略了一个学以致用、严谨细致的大国总理的风采。从演讲技巧上来说，这也给我们带来了一个启示：历史上一些经典的古语、诗文，经千百年锤炼，流传民间，成为永恒的真理，是我们中华民族宝贵的思想财富。很多东西不但过去管用，现在适用，将来仍然可用。温总理善于运用这些听众耳熟能详的经典思想启迪人们，值得各位演讲者用心学习。

2014年7月国家主席习近平在巴西国会演讲时说：“女士们、先生们、朋友们！‘海内存知己，天涯若比邻。’用这句中国古诗来形容中巴关系再贴切不过了……”一句诗句，立刻让中巴关系得到升温。

中华文化源远流长，历史的长河中留下了无数璀璨的经典。作为演讲者，只要你在演讲前稍加留心，找到一些支持自己论点的经典语句并不难。不过，值得注意的是：引经据典时要尽量避免那些晦涩的、生僻的语句，尽量选择那些听众一听就明白的语句。否则，再有价值的经典语句，大家不明白其意义也是枉然。如果你为了解释这些经典不得不费尽口舌，更是不智。

此外，引用经典要自然，不可突兀生硬，也不要过于频繁。过于频繁地引用，容易给人造成吊书袋、卖弄学问的嫌疑。

课后实战训练：

积累知识四大技巧

1. 积累书面材料

在日常生活中，多阅读报纸、杂志和书籍。准备一支笔和一个笔记本，看见好文章或让自己心动的话语就画出来，或者抄写在笔记本上。每天坚持这样做，日积月累之后，自己的讲话内容也就会丰富起来了。

2. 吸取他人的演讲优点

平时要多听别人的演讲，从中吸取优点，其中不乏很多警句、谚语。这时候你就可以把这些话记在本子上，长久下去，你谈话的题材、资料就会逐步增加，而口才也会越来越好，看待事情的方面和观点也就会成熟起来，说话也会条理清楚。

3. 题材和资料的正确应用

演讲的题材和资料是十分重要的，不仅需要认真去吸收，还要懂得如何更好地运用它们。运用得好，不仅可以吸引人们的注意力，还能让一句普通的话发挥出惊人的效果。

4. 提高语言表达能力

要提高自己的语言表达能力，就要做到语言表达到位、得体，就要不断提高自己的敏锐性和观察能力。在日常生活中要本着丰富自己的学识与经验为目的，去努力学习并增强想象力，不要让思维受到限制。

第九章 掌握说话的技巧
——让你的语言灵活起来

在如今社会中，口才作为一项基本技能，已经被人们所共识，它不仅起到传递信息的作用，还能够体现一个人的修养、知识、魅力等，所以说我们应当掌握能说会道的方法和技巧。

人们最愿意听的是故事

在演讲中，讲理论、喊口号不如讲故事来得活泼有趣，引人入胜，不过，也不是谁都能够把故事讲好。很多人知道自己应该说一个故事，但经常有朋友感到没有故事可讲，或者在一个故事上苦苦思索，最终却发现不得要领。

要用故事来说服听众，这个故事首先要满足的一个标准就是完整，其次才能谈得上雕琢、完善。因此，对于一名演讲人员来说，能够讲一个完整的故事是一项必备的基本技能。

一般来说，一个完整的故事通常包括六大因素：即何时、何地、何人、何事、何因、何果。只要围绕这六大因素，不管是什么样的故事，你都能够讲完整，让听众轻轻松松地接受、相信你的故事，而这种讲故事的方法，我们也可以称之为六何公式。下面，我们来阐述这种方法。

1. 何时、何地、何人

这个问题，看似很简单，实则奥妙无穷。人们在讲述故事的时候经常采用的一种时间用词是："很久很久以前""很多很多年以前""以前""早前"，但到底是什么时候、多少年前？听众听了还是不知道故事发生的具体时间，所以这些说法实际上等于没说。为了增加故事的真实性，你最好采用具体的时间，如"上周周一下午""十二年前夏天的一天""昨天上午我在逛街的时候"。

何地、何人也要遵循这样的原则。故事的发生地和人物都应该是一个很明确的概念，让人一听就知道是哪里的什么人，关于这一点，最常用的说法是某地的某人、某小姐、某先生、一位先生、一位小姐、那位老人……显而易见的是，这些说法的一个共同点就是让人一听就知道你在编造一个实际上不存在的故事，而这种虚假性对你的演讲本身的真实性就是一个极大的打击，一旦听众对你产生怀疑就很难再扭转观念。所以，当你提到某个人的时候，你可以将信息落实到具体的某个人身上，如"住在中州路西街路口的马晓先生""马雅小姐"，当然如果想要保护人物的隐私，你可以用"××公司的马小姐"，但要尽量避免那种"某地有位年轻人"之类的笼统的说法。

2. 何事

这是一个故事中最关键的环节，不但要说，还要说得详细、周全，如果过于宽泛，两三句话就说完了，既没有经过，又没有细节，就达不到讲故事的目的。

3. 何因、何果

凡事都是有因果的，无缘无故的事情不存在，没有结果的事情也是不存在的。也许有人会说，我遇见的××事就是没有结果的呀？但这个所谓的“没有结果”本身就是一种结果，只是不是你所预期的那种结果而已。因此，讲故事时，不但要说清楚故事发生的时间、地点、人物、发展经过，还要交代清楚事情的前因后果。

在演讲中讲述一个生动的故事，应该掌握以下技巧：

第一，因果倒置，巧置悬念。

前面说过，一个故事就必然有其发生的原因和最终结果，但这并不意味着你在讲故事的时候就一定要按部就班地严格遵守从原因到结果的顺序。事实上，有时候，如果你能够变化一下因果关系，故事就会焕发出别样的魅力。

在演讲中，我们也可以采用这种因果倒置的方式，给故事笼罩上一层神秘的色彩，增加故事的感染力。

第二，讲细节。

如果演讲者在讲述故事的时候能够细细地讲明经过，就会收到完全不一样的结果。如“今年过年的时候，我正在家里看电视，突然听到外面有人在笑。我跑出去一看原来是我的小侄子。我已经一年没有见到他了，去年见他的时候还只会吃奶，今年已经会到处跑，会调皮了，这会儿他正一边笑一边做鬼脸，皱着小鼻子，伸着舌头，呜呜地学小狗，两只小手竖在脑袋上当尾巴，小屁股还扭来扭去的，惹得大家忍不住大笑。”

这段描述就很精彩，有人物，有细节，每一点都清清楚楚，听完之后好像看到一个活泼淘气、精灵古怪的小孩子就在自己面前蹦蹦跳跳一样。像这样的故事才会有感染力，也才能抓住听众。

第三，配合手势和表情。

看相声表演的时候，我们很少看到表演者像柱子一样站在那里，单凭一张嘴巴来说故事的。他们总是手舞足蹈、眉飞色舞，整个人都是表演中的一部分，每个部位都扮演了一个角色，表演一个人的吃惊情绪的时候，他们会瞪起眼睛、挑起眉毛、张开嘴巴、深吸一口气，整个人都像是向上拔起了一节一样，每一块肌肉都在告诉人们：这个人非常吃惊。表演一个人见到了一块金元宝，他们会满脸笑容、眼睛眯起，嘴角挑起，双手做颤抖状，喜悦之情溢于言表。而对于演讲者来说，很多时候我们也是一个表演者，既然如此，为什么不能像一个表演者那样调动起我们的肢体语言和表情，让每一个感官都参与到故事的讲述中去呢？

你要记住，没有动作就称不上表演，同样，没有动作就称不上是演讲。当你开始讲故事的时候，你的眉毛、眼睛、鼻子、嘴巴、下巴、四肢乃至身上的每一块肌肉都要动起来，使你的一切都处于动态中，这将会让你所讲的故事活起来、立起来，充满生命力。

不仅仅要自己说，还要让听众说

一个演讲成功与否，很大程度上取决于听众。一个好的演讲，能让听众一直处在积极、愉快的氛围当中，在结束时也感到意犹未尽。所以，演讲者一定要记住：演讲时不仅要自己说，还要让听众“说”。所以，演讲者需要充分调动听众的积极性，让听众能够参与到谈话中来。

1. 调动积极性让听众参与进来

在演讲当中，有许多的演讲者总是感觉自己的演讲内容没有办法吸引听众，不能让听众参与进来，形成良好的沟通。其中出现的问题，大多都是演讲的内容不能让听众参与进来或者是一些听众不感兴趣的事情，因此才会让听众感到无聊至极，所以这样的演讲者大多数都不能成为一个成功的演讲者。

事实上，人们关注自己的程度永远超过关注他人的程度，这是人类的一个特点。所以，要想让自己的演讲取得成功，就必须要充分地调动起听众的积极性，让他们都参与进来。而调动他们的积极性，就是要演讲者把握好听众的关注点。

演讲不是自己观点的发布会，也不是属于自己的秀场，而是一个不断学习和进步的过程，而这个过程的前提就是要懂得引导听众参与自己的话题或者是产生兴趣，只有这样，才能形成一种互动，让听众参与进来，这样才算一次精彩的演讲。

2. 让听众融入演讲中

有时候，演讲并不在于你懂得什么，不在于你要阐述多少东西，也不在于你要展现的闪耀夺目的视觉效果。而完全在于你的听众。

为了成为一个成功的演讲者，你必须首先明确听众的期望。他们为何会来听你的演讲，他们想从你这里学到什么？一旦弄清楚这些问题，对于在员工会议上进行3分钟讲话与在几千听众面前做45分钟的演讲，其重要性是相同的。有了这种想法，你就可以合理控制住各种不利的场面，并进行精彩的演讲了。

如果演讲内容与听众不太相关，听众就会采取冷漠甚至敌视的态度，因此想让听众采取积极、热情的合作姿态，不妨让听众“帮帮忙”，让听众参与进来，以触发他们的兴奋点和创造欲，最终获得演讲的成功。

成功的演讲者既要使演讲融入听众，也要把听众融入演讲，赋予听众一种积极参与而不是被动接受的角色。只有如此，才能引发听众的共鸣，才能让听众洗耳恭听。每一个演讲者都应该记住，演讲绝不是演讲者个人的独角戏，若想成功，很多时候都需要听众来参与。

3. 用问答的方式让听众参与演讲

在现实中，我们经常可以看到这样的状况：演讲者一站上台就好像是打了兴奋剂一样，又像是停止按钮失控了一样，滔滔不绝地说个不休，没有停顿，没有空隙，丝毫不给听众插嘴或参与的机会。但事实是，虽然这样做确实可以将演讲的控制权和主动权牢牢地把握在自己的手中，不至于因为听众插话而搞出麻烦事情，使场面失控，但听众是不会买账的。

一场成功的演讲必然是演讲者和听众的思想、智慧、观点实现合璧的结果，而不是演讲者一个人的独角戏。虽然很多时候听众确实希望演讲者像真正的专家那样给予他们专业、科学、合理的建议和指导，然而他们需要的是尊重，而不是传道，他们不希望你高高在上地对他们指手画脚，就像是为了炫耀自己的口才一样滔滔不绝地从头说到尾，而自己却什么话都插不上。他们喜欢和你互动，他们需要这样一种感觉：自己也是演讲的重要一份子，在其中扮演着不可缺少的角色，而不是像傻瓜一样听你在那里说个不停。如果你一意孤行，非要占据正常演讲的所有时间，这将是一种愚蠢的行为。所以，无论何时，都不要把听众完全排斥在你的演讲之外，而要让听众参与到你的行动中去。

事实证明，在合适的问题上以合适的方式向听众提问可以有效地把听众拉入到你的演讲中去，使之把注意力完全放在你的演讲上，积极主动地去思考和关注你的讲话，从而营造出有效的沟通氛围。

此外，给听众提问的机会、满足其自我表现的欲望也是一种让听众参与的好方法，不过，需要注意的是，如果让听众在你的演讲中充当一个说者的角色，你就要考虑一个问题：即便你已经做了大量的准备工作，但听众是一群有独立的判断能力和思考能力的人，而且每个听众都会有不同的看法和立场，如果你不加控制地任由听众天马行空地自由发挥，最后你会发现场面失控，你已经陷入被动挨打的局面，只能疲于应付。所以，让听众提问的时候一定要划定“势力范围”，让听众知道他们可以讨论哪些问题，哪些问题是你不愿意讨论的，哪些问题你更乐意私下和他们交流。

在回答听众的问题的时候，一定要沿着既定的主题和思路去回答，保持前后的统一性，千万不要一会儿转化一个话题，反反复复地更改只会让听众怀疑你的可信度，只要不是什么大的错误，你没有必要当场更改。

肯定与赞美，能让演讲更为融洽

正所谓“女为悦己者容，士为知己者死”，给予他人的肯定、认可、鼓励、支持，肯定别人，别人才会心甘情愿地听从你的引导、号召和建议。

有一个演讲者曾经说过这样的开场白：

> “今天来听演讲的人，我觉得都是好人。让我们来想一想，哪些人不会听演讲？我认为，很自满的人不会来听演讲，因为他觉得自己什么都懂，相较之下，现场的听众们都有一颗想要学习的心。另外，非常自负的人不会来听演讲，因为他认为自己都是对的，不需要参考别人的意见。还有，悲观的人不听演讲，因为他们不相信自己的人生会变得更好，像你们觉得未来很有希望、很积极，才会来听演讲。”

他这番话，听起来格外使人舒服，又不会使人感到太肉麻，可以称之为非常高明的开场白。

还有一个演讲者是这样开始的演说：

“刚才我来的时候，发现路上在塞车，我不免担心，不知道今天会不会有人来听演讲。如果有，他们都是一些什么样的人呢？我相信，他们能够克服交通阻塞、停车的困难，一定是一群进取心比较强的人。坦白说，我们不见得比别人聪明，不见得比别人好，不见得比别人努力，但是，爱听演讲的人有一个与众不同的长处，就是把成长当做一种乐趣。”

如在公司年会上的演讲结尾这样说：“最后，在新的一年即将来临之际，我在这里向公司所有员工、同事们拜个早年。祝新员工在新的一年里更适应公司的环境，拿到更多的订单、赢得更多的业绩和回报。祝老员工在新的一年里事业更上一层楼、前程无量。祝所有的人春节快乐，身体健康，家庭幸福，年年岁岁平平安安，岁岁年年发大财。谢谢大家!”没有人会不喜欢的。

没有人不喜欢听好话。彼此之间的祝福、祝愿、赞美就成了激发共鸣的最简单也是最有效的方法。通过这些好话，能够促使演讲现场的气氛形成一个新的小高潮，调和听众和演讲者之间的关系。

不过，需要注意的是，即便是好话，也要说好才能够收到好的演讲效果，如果过于夸张，或让人一听就觉得不过是庸俗的捧场而已，不但不能给听众留下一个好的印象，反而会使其认为你在哗众取宠，而这种结果显然违背了我们赞美听众的初衷。

演讲不是将话说得漂亮丰满才算好的赞美，而是可以将话说到对方心里去。当你想去赞美听众时，要是能说得非常诚恳，又使每个人都觉得自己是与众不同的，效果就会更好。

在进行公众表达或团体沟通时，赞美的时候要拥有技巧，要是能做到的话，一定会事半功倍。

1. 做好事前的准备工作

要是在上台之前可以先做一点功课，或是根据现场环境，很快做出反应，每次要表达的赞美就会推陈出新。

一位著名的演讲家拉塞尔·康韦尔曾经就同样的主题作了将近6000场次的演讲。你或许会好奇，一个主题讲过那么多次，演讲者难道不会感到厌烦吗？有人问过康韦尔同样的问题，他的回答是："当我到某个城市演讲时，我会尽量提前到达，然后拜访当地的邮政局局长、理发师、旅馆经理、校长、牧师，并且到店里和人聊天，了解一下当地的历史和风土民情。到了演讲的时候，我就知道该如何把内容和当地人的生活结合在一起了。"

康韦尔的用心，会使听他演讲的人感到，这场演讲是为他们量身打造的，他们内心深处会产生一种受到重视的感觉。而当你"让听众觉得自己很重要"，他们便会给你正面积极的回馈。用此种方式开场，就是在一开始寻找到了和听众建立和谐关系的切入点。要是你能在一开始便赢得别人的好感，他们就会更乐意倾听你说的话。

2. 发掘他人的价值

有一个演讲者来到麦当劳演讲，开场白便是："每年不知道有多少人吃过你们的汉堡，不过我是少数几个能亲自向你们道谢的人。谢谢你们每天给大家提供这么方便、快速的餐点跟服务……"

有一名演讲者向一群保险业务员演讲时说："很高兴今天能有机会向一群很特别的人演讲，这群人能够为很多家庭提供保障，让很多人免去后顾之忧，而你们就是这群特别的人……"

或许在普通人眼中，卖快餐与卖保险的人从事的只不过是非常单纯的服务业。然而，一旦你换个角度，挖掘出他们的工作价值，再从这个价值出发巧妙地赞美他们，不管是针对个人还是团体，都会使他们感觉自己是有价值的，对演讲者而言就会很自然地重视起他们来。

演讲者讲话水平的基本要求是生动性。讲话者不管在什么场合下，都忌讳那种空泛乏味、干涩难懂的语言，而需要使用容易被对方接受、生动鲜明的语言。演讲者要在确保精确、具体、简洁、鲜明等特色的基础上，增强其生动性与吸引听众的魅力。

幽他一默，给自己的语言添点料

一个人善用幽默，才能在演讲中成为众人的焦点，在人际交往中提高自己的人气，让人有亲近的意愿。

幽默在演讲中的作用是举足轻重的。美国一位著名的心理学家说过："幽默是一种最有趣、最有感染力、最具有普遍意义的传递艺术。"演讲中的幽默语言，能使演讲的气氛变得轻松、融洽。因此，对于演讲者来说，如果你想要提升自己的人气，那演讲中就不能缺少了幽默。

有人天生就十分幽默，轻轻松松就能让旁人喜笑颜开，这样的人似乎永远都懂得怎么让事情的发展变得更有趣，哪怕是一个沉闷的话题，也能让气氛变得活跃起来。但也有一些人是通过后天的学习才变得幽默起来的。所以千万不要找借口，应该找的是方法。

没有幽默感的人，在他人眼中就像是没有香味的鲜花，即便外表吸引人，但实质上总缺少了点什么感觉。幽默是智慧和才华的产物，同样一番话经由幽默的人表达出来，就显得别有一番风味。

某大学植物系有一位植物学教授，他所教的这门课程虽然属于冷门课程，但只要是他的课，每堂课都是爆满，不仅里面的座位上坐满了学生，甚至还有的学生即便是教室里站不下了，宁愿站在走廊边旁听也不愿离去，这让许多的老师都羡慕不已。其实这位教授受学生欢迎的原因并不是他的专业知识有多么出众，或者是他本身的名誉很高——有很多的名衔和牌匾，而是他的幽默风趣感染了许多学生，为学生们营造出了一种轻松愉快的上课氛围，所以学生们都喜欢上这位教授的课。

有一次，这位教授带领一群学生进入山区深处做校外实地考察，在考察期间，深山当中有许多不知名的植物，引起学生们好奇的求知欲，于是向教授一一发问，以求得答案。教授只要听到学生的提问，都耐心而详细地回答解说。

其中一位同学听了教授的讲解，内心对教授十分崇拜，不禁停下了脚步，对着教授赞叹地说："老师，您的学问真是渊博呀，什么植物都了解得一清二楚的，我好佩服您呀！"教授听了以后，哈哈大笑，回头眨了眨眼，对他说道："你不知道为什么了吧，哈哈。这就是我为什么故意走在你们前头的原因了，因为只要一看到不认识的植物，我就'先下脚为强'，立刻踩死它，免得你们发问让我露馅了！"学生们听了以后个个笑得前仰后合，由此可见，这次考察探索之旅是多么的欢乐了。

当然，这位教授只是开个玩笑罢了，是为了幽默一下，不难看出，他为什么平日里这么受学生欢迎了，这就是他的魅力所在。

幽默是生活智慧的体现，是经历过生活的一番历练之后，对待生活依然保持着一份豁达、自信、积极的生活态度。幽默的人不会被困难打败，对于一切都能很坦然，他们懂得生活原本的样子，无论面对的是什么都能够一笑了之，笑谈生活中的困苦，只有这样的人才能让周围的人总是笑声不断，让人渴望与他们接触、亲近。

1. 培养自己的幽默感

那么，应该怎样培养自己的幽默感，让自己能在得体的语言当中提升自己的人气呢？可以参考下面的几个方法。

（1）采取对比的方法。

对比是指把两种或两种以上的、互不相干或者完全相反的事物或者人物放在一起进行比较，从比较的手法当中揭示两者之间的差异。在运用幽默时，选择进行对比事物或者人物之间的差异越明显，掌握好时机和选择好媒介，听众就越能明白其中的差异性，以幽默的手法进行的对比也就越能让听众进行思考。

（2）移植是幽默的重点。

移植包括情节移植和语言移植，即把在某种场合中显得十分自然、和谐的东西移至另一种与之迥然不同的场合中去，使之与新环境构成超出人们正常设想和合理预想的东西，从而产生幽默的效果。

（3）颠倒的幽默手法。

颠倒是在一定的条件下改换人物先后、大小、尊卑等关系，从而创造出具有浓郁的幽默情趣的技巧，这种技巧也是被人们经常运用的。人物关系的颠倒可以表现为父子、夫妻、长幼、男女等的颠倒错位，与人们的传统观念进行碰撞，让人觉得荒谬和戏剧化，以此来产生幽默。

（4）谐音双关。

谐音双关是幽默语言交叉技巧中常用的一种修辞格式，即利用词语的音译条件构成双重意义，使字面含义和实际含义产生不协调的交叉，使听众通过联想领悟艺术家的幽默感。

（5）自然的幽默表达。

幽默的表达贵在自然，自然的幽默才能让听众欢笑，某些做作的幽默虽然也能激起人们的笑声，但过后总会让人心里有些不舒服，人们只会认为这样的幽默是哗众取宠罢了。富有幽默感，秉持幽默禀性确实是会提升自己的人气，但缺乏熟练度和内涵的幽默技法，结果当然很差，给人的感觉就如同是那些滑稽的小丑一般。一个真正幽默的人，他并不需要刻意做出什么讨好别人的幽默动作和表情，哪怕只是很随便的一句话，也会让人认为很幽默。

2. 幽默不可过度

幽默也有禁忌和注意事项，要对自己和你所面向的人群有一个恰当的估计和分辨，才能学会正确地运用幽默这种精神调节剂，适度得体地用幽默为自己塑造形象，才能使幽默真正起到作用，不至于遭到别人的误解或反感。那么，我们应该如何把握幽默的度，正确掌握幽默的方法呢？可以参考下面的几点。

（1）分清场合，把握时机。

幽默时需要分清场合，把握好时机。有许多场合可以幽默，比如聚会、朋友之间聊天、闲暇时光等。但在严肃、庄重的场合则不宜幽默，比如会议场所、葬礼、长辈在场等。其中特别需要注意的是在婚礼的宴席上的幽默，不能以新郎新娘的长相、年龄或隐私等敏感的话题作为笑料来发挥你的幽默，这样只会让众人都感到尴尬无比。

（2）态度友善。

幽默时的态度要友善，千万不可装腔作势、揭人隐私、低级庸俗、油腔滑调等。幽默是为了让彼此的感情能够互相交流传递，不是用来对别人进行冷嘲热讽，发泄内心厌恶和不满感情的，这种玩笑与幽默大相径庭，只会让别人认为你这个人不懂得尊重他人，以至于拒绝和你深交。

（3）注意对象。

幽默还应注意对象，要按照不同的性别、身份、地位、阅历、文化水平、性格等方面来区分，按照区别来采用适当的幽默方式。在熟人、同学、爱人等熟悉的人群之间，即使幽默过度也无伤大雅。但如果是上级、长者、女性、性格忧郁或孤僻的人等较为敏感的人群，一般不宜随便开玩笑，不然容易引起反感，甚至招致无妄之灾。

我们身边的人，对幽默的承受能力也有所不同。所以要按照自己的身份、与对方的交情、对方的性格等多方面的综合因素来找到适合的幽默方式，不要随意按照自己的想法来开玩笑或者是打趣。

（4）避免挖苦和嘲笑。

不要随便挖苦和嘲笑别人，每个人都有缺陷或是做得不对的地方，所以不要去模仿别人的动作和讲话来取笑他人。幽默也是有度的，太过度就会偏离幽默的轨道。幽默的语言要精练，不要一直说个没完，否则在众人眼中你只能成为一个“小丑”。

（5）内容健康、高雅。

幽默是要本着带来欢乐的同时能让人有所启迪的目的进行，所以要积极健康、格调高雅，才能给人带来启迪和精神享受，才能更好地塑造自己的形象。幽默内容若是粗俗不雅，只会让人认定你这个人低俗不堪，所以幽默的内容直接反应的就是幽默者的思想情趣与文化修养。

在语言当中加入多一点的幽默并不是仅仅为了博乐众人，而是为了使自己的语言变得丰富起来，更富于美感，更能吸引人。所以应该掌握好幽默的度，不可有失分寸。在需要用幽默或是笑话来调节气氛时，一定要明确地知道在场的听众是不是都适合你的幽默方式，否则只会适得其反。

让思辨在演讲中腾飞起来

在演讲中插入思辨性的语言，可以耐人寻味，牵动听众，并使听众产生共鸣，从而不断掀起高潮。

著名学者钱钟书在日本爱知大学的一次演讲中，其开场白就用了思辨性语言：“我对中国文学现状的无知，诸位一目了然；而诸位对中国文学现状的熟悉，我两眼漆黑。”

由上例可知，思辨语言贵在对同一事物能从不同角度去理解它、表述它，给人一种深邃的内涵感。由此来说，我们又怎能不思之再思呢？

演讲语言的思辨，指演讲者在演讲中，适当地运用思辨性语言，令听众沉思咀嚼，回味无穷，始茫然而终恍然。

怎样设计运用思辨演讲术呢？现提出以下几种方法。

1. 名言思辨

本来，名言警句流传广远，我们若能换个角度，从相反、相对方向进行引申，必能引起“注意”。

清华大学一位女生，在首都北京大学生演讲比赛中曾获一等奖，演讲题为《要事业，也要生活》。她说：“让怯懦的人接下去徘徊吧，让俗人们接下去议论和怜悯吧。同伴们，我们走着自己的路！弱者，你的名字不是女人。”

“弱者，你的名字不是女人”显然是反莎士比亚的名言“弱者，你的名字叫做女人”而用之，轰雷作结，振聋发聩，让人回味，令人思辨。

2. 成语思辨

成语是约定俗成的用语，对其别解，必出新意。

钱钟书的《围城》中，就有一个巧用成语的例子：“不是众叛亲离，而是离亲叛众。”

这一内部语序的变化，就很有辩证意味；主动与被动的错位，褒贬之间，判若云泥。更显出新解之妙，思辨之味。

3. 名篇思辨

由于时代的局限，古典名篇的观点常常带“灰色调”，我们可以反其意而用之，让听者在比较中提高鉴赏能力。

欧阳修说秋“其色惨淡”“其意萧条”，而峻青则极赞秋的“成熟和繁荣”“愉快和欢乐”；我们不是也可以说“秋是进入成熟的中年人，是万物毕业的典礼，是验收员，是领奖台”吗？这是告诉我们，思辨性语言的设计，可以从正负效应两方面去寻觅，据此打开思路，不时在演讲中插入思辨性语言，可不断掀起高潮，牵动听众思绪，“镇”住全场。

4. 设喻思辨

辩证式比喻是形象化的哲学。用通俗形象的比喻来揭示生活的真谛，听者乐于接受，易于理解；而辩证式的比喻更耐人寻味，往往用前者反衬后者，让听者在比较辨析中，深刻地理解演讲者的见解。

幽默感训练

1. 目的

使得语言幽默风趣，添加个人魅力，增加演讲话语幽默感。

2. 方法内容

（1）每天找一条笑话，把笑话背熟，反复操练，尽可能讲的风趣幽默诙谐。笑话要找简短易背的，这样容易产生成功感。

（2）每天务必在工作或生活中找到一种事物幽默一下。最好就是当众幽默，实在不行事后自己也可以自嘲幽默一下。

3. 时间

该法坚持一个月，你就会发现心境有所不同。

第十章 激活热情
——每一次演讲都是生命中的感动

激情对于演讲者来说是相当重要的。对听众而言，他们要看的是一个有激情的“活人”，只有这样的演讲者才能去感染听众、俘虏听众。

一呼百应的影响力

如果我们留心那些拥有一呼百应的影响力的人物，会明显感觉到他们身上总是洋溢着一股激情。特别是在公众场合演讲时，他们甚至手舞足蹈、热血沸腾，将听众们鼓动得激情澎湃。

美国著名的黑人解放运动领袖马丁·路德·金，不仅是一位卓越的政治家、革命家，还是一位演讲大师。当美国的大地上四处弥漫着种族歧视的黑雾时，年轻的黑人民权领袖马丁·路德·金站了出来。1963年8月，34岁的马丁·路德·金在林肯纪念堂前向25万人发表了著名的演说“我有一个梦想”（又名“在林肯纪念堂前的演讲”），为反对种族歧视、争取平等发出呼号。这个激情澎湃的简短演说产生了无与伦比的影响力，促成了黑人的觉醒与白人的醒悟。

限于篇幅，这里摘录其演讲片段如下：

100多年前，一位美国伟人签署了《解放宣言》。现在，我们怀着无比敬仰的心情站在他的纪念像投下的影子里。

这份重要的文献，为千千万万正在非正义烈焰中煎熬的黑奴点起了一座伟大的希望灯塔。这文献，有如结束囚室中漫漫长夜的一束欢乐的曙光。

然而，100年后的今天，我们都不得不面对黑人依然没有自由这一可悲的事实；100年后的今天，黑人的生活依然悲惨地套着种族隔离和歧视的枷锁；100年后的今天，在物质富裕的汪洋大海之中，黑人依然生活在贫乏的孤岛之上；100年后的今天，黑人依然在美国社会的阴暗角落里艰难挣扎，在自己的国土上受到放逐。

我梦想有一天，这个国家会站立起来，真正实现其信条的真谛："我们认为这些真理是不言而喻的，人人生而平等。"

我梦想有一天，在佐治亚的红山上，昔日奴隶的儿子将能够和昔日奴隶主的儿子坐在一起，共叙兄弟情谊。

我梦想有一天，甚至连密西西比州这个正义匿迹，压迫成风，如同沙漠般的地方，也将变成自由和正义的绿洲。

我梦想有一天，我的四个孩子将在一个不是以他们的肤色，而是以他们的品格优劣来评价他们的国度里生活。

我今天有一个梦想。

我梦想有一天，亚拉巴马州能够有所转变，尽管该州州长现在仍然满口异议，反对联邦法令，但有朝一日，那里的黑人男孩和女孩将能与白人男孩和女孩情同骨肉，携手并进。

我今天有一个梦想。

我梦想有一天，幽谷上升，高山下降；坎坷曲折之路成坦途，圣光披露，满照人间。

这就是我们的希望。

怀着这个信念，我们能够把绝望的大山凿成希望的磐石；怀着这个信念，我们能够将我国种族不和的喧嚣，变为一曲友爱的乐章；怀着这个信念，我们能够一同工作、一同祈祷、一同奋斗、一同入狱、一同为争取自由而斗争。因为，我们明白，我们终将得到自由，我们终将得到原来属于我们的幸福！

让自由之声从科罗拉多州冰雪覆盖的落基山响起来！让自由之声从加利福尼亚州蜿蜒的群峰响起来！不仅如此，还要让自由之声从佐治亚州的石岭响起来！让自由之声从田纳西州的了望山响起来！

让自由之声从密西西比的每一座丘陵响起来！让自由之声从每一片山坡响起来。

当我们让自由之声响起来，让自由之声从每一个大小村庄、每一个州和每一个城市响起来时，我们将能够加速这一天的到来，那时，上帝的所有儿女，黑人和白人，犹太教徒和非犹太教徒，耶稣教徒和天主教徒，都将手携手，合唱一首古老的黑人灵歌："终于自由啦！终于自由啦！感谢全能的上帝，我们终于自由啦！"

"我有一个梦想"是20世纪最为惊心动魄的声音之一，穿过近半个世纪的时光隧道，至今仍然震撼着我们的心灵。马丁·路德·金的演讲，感动了在场的所有人：黑人们流下了眼泪，白人们也流下了眼泪。黑人们为他们所遭受的不公正的待遇而伤心、难过；白人们也许是感到对这一切自己无能为力而深感不安。

马丁·路德·金的演讲可谓用情痛彻心扉，却在沉痛中表现出坚毅、执着与对未来的信念。这篇演讲之所以具有如此强烈的感染力，其原因是多方面的。事实上，任何一场成功的演讲，都是诸多因素的合成。但不可否认，激情是其中一个重要的因素。

努力将气氛推向高潮

演讲者充满激情时是演讲现场的气氛最热烈的时刻，也是演讲者与听众感情交流最融洽的时刻，更是演讲的高潮所在。如果演讲中能做到高潮迭起，演讲者便自然控制了整个现场的气氛。

那么，演讲者应该怎么制造高潮呢？著名演讲家李燕杰在《演讲美学》中写道：一次演讲怎样达到高潮，这需要演讲者一步一步地抓住听众的心，使听众的内心激情逐渐地燃烧起来，演讲将自然地被推向高潮。具体而言，有两方面建议：

1. 用呼告语引爆激情，制造高潮

闻一多在“最后一次演讲”中慷慨激昂，气震山河，多次运用了呼告语来制造高潮：

> 你们杀死一个李公朴，会有千百万个李公朴站起来！……历史上没有一个反人民的势力不被人民毁灭的！希特勒，墨索里尼，不都在人民面前倒下去了吗？翻开历史看看，你们还站得住几天！你们完了，快完了！我们的光明就要出现了。我们看，光明就在我们眼前，而现在正是黎明之前那个最黑暗的时候。我们有力量打破这个黑暗，争到光明！我们的光明，就是反动派的末日！
>
> 李先生的血不会白流的！李先生赔上了这条性命，我们要换来一个代价。“一二·一”四烈士倒下了，年轻的战士们的血换来了

政治协商会议的召开；现在李先生倒下了，他的血要换取政协会议的重开！我们有这个信心！

在这个演讲中，演讲者使用的就是“呼告”语，他用一种与敌人面对面交流的方式，给听众一种身临其境、直接交流的感染力，从而牵动听众的神经，引发他们直接参与交流活动，让演讲进入高潮。

2. 用宣誓引爆激情，制造高潮

在闻一多的“最后一次演讲”将要结束时，闻一多发出了这样的呐喊：

> 正义是杀不完的，因为真理永远存在！
>
> 历史赋予昆明的任务是争取民主和平，我们昆明的青年必须完成这任务！
>
> 我们不怕死，我们有牺牲的精神！我们随时像李先生一样，前脚跨出大门，后脚就不准备再跨进大门！

闻一多这样的宣告富有激情，给听众强烈的心灵震撼，也激发听众内心深处的一种崇高的情怀，从而让演讲气氛热烈。类似这样的宣誓性演讲，一是要注意当时的环境和场合，只有内容与场合吻合，才有可能制造出热烈的气氛；二是要注意句式的选择，多用“我在……面前宣誓”“面对……我宣誓”之类的宣誓性句式，如此，才能激发听众内心潜在的崇高情怀，进而引爆他们的热情。

用热情紧紧抓住听众的注意力

很多时候，我们之所以无法得到听众的回应、支持和配合，好像我们的话始终无法说到听众的心里去，不是因为技巧不够完美，演讲词写得不够好，也不是所选的话题不对听众的胃口，而是在演讲中，没有表现出最可贵的部分：表情。如果在面前放置一面镜子，你就会发现，你口中说着让人高兴的事情，而脸上却没有表情，口中也是不冷不热，好像只是在念篇稿子那样，没有任何波澜和情绪。

在人与人之间的心灵交流中，技巧性的东西从来都是外在的，不管词句多么精妙无比，例证有多么丰富，语气有多么协调，手势多么优雅，都不会对彼此的关系产生决定性的影响，只能暂时起作用。但终将被人所发现和注意，真正起决定作用的，是你的热情。

爱默生曾经说过："缺乏热情，就无法成就任何一件大事。"热情是一个人昂扬的精神状态的外在体现，是不达目标誓不罢休的激情。如果不带热情地做事，无论什么事情，最终都不会如你所愿。

要让听众积极配合自己，甚至热血沸腾，首先就要热情地投入演讲。一旦我们投入进去，我们内在的激情就会通过闪闪发光的双眼表现出来，通过声音辐射出来，通过态度抒发出来，通过轻快的步伐表现出来……全身的每一个部分都在清楚地表明你喜欢这场演讲，你喜欢和他们说话。这种精神状态会获得听众的喜欢，使之愿意和你相处。因为人的热情是可以互相传染的。你没有带着热情演讲，听众自然也不会对你有兴趣，而一个成功的演讲者也总是能够利用自己的情绪这一利器让听众陪着自己一起笑、一起哭、一起感慨、一起行动。

1945 年 8 月，日本投降，宣告第二次世界大战结束，美军将领麦克阿瑟担任驻日盟军最高司令长官，主要负责对日本战区的军事占领和重建工作。同年 9 月 7 日，日军主战派 25 万全副武装的精锐军队在几支敢死队官兵的带领下誓死不降，扬言要决一死战。

战火眼看就要重新熊熊燃烧，而当时，驻扎在日本国内的美军数量还不足1万人，双方的力量极度不对等，形势十分危急。为了避免局势恶化、战争爆发，麦克阿瑟在8日上午巡视日本军营，并发表了一番热情洋溢的演讲。演讲开始，他先是简明扼要地向士兵们描述了战局，然后就转入正题：“在战争中，主角是你们，是我，是军人。但最应该反对战争的人也是我们，因为我们是最先承受战争创伤的人……在这场生死惨烈的战争中，我很钦佩你们的勇敢和坚韧，我也差点成为你们的俘虏。但是，你们的青春不应该只是表现在战场上，现在战争结束了，国家等待着你们去建设，幸福的生活正在等着你们，你们的亲人也等着和你们团聚。所以，我希望你们放下武器，永远地放下，去迎接和平，创造新生活……”渐渐地，昨天还誓死不降的士兵们都安静下来，大家陷入沉思中，有的人还流下了眼泪，剑拔弩张的气氛一下子消失了，一触即发的战争就此化于无形。

作为演讲者，你只有用真挚、热情的态度去演讲，听众才会赞同你、配合你。事实证明，当你投入到演讲中，热切地表达自己的观点和思想的时候，听众就会不由自主地跟随你情绪的脚步，而不是站在你的对立面。

可以说，在一场演讲中，最精彩夺目、最能说服听众的从来都不是你的长相、智慧、学识、学历、身份、地位这些外在的东西，也不是你的所谓的演讲技巧，而是你的内在的精神、情绪、感情。大凡能够取得成功的演讲也必定是关注热情的、和听众的情感水乳交融的结果。也许在这样的过程中，演讲者也会犯一些错误，也会做出一些不恰当的动作，甚至他们也可能不幽默、不能言善辩，但他们一定是最投入、最热情的演讲者，这份如火一样的热情足以感动听众，使他们陷入演讲中而不能自拔。

在《当代演讲词精选》的一篇名为《生命之树常青》的演讲词里有这样一段："病残的躯体，以一种特殊的形象引入我的眼帘。她那伴随着滚滚热泪的话语，如饱含生活之清纯的甘泉，浸润着我们的心灵，如清脆的携带者春风的晨钟，扣动着我的心扉。以她的思想，她的毅力，她的精神塑造起来的她的形象，为我们的时代树立起一面鲜红的旗帜。"

这段演讲虽然用了描写式的语言，但理性中浸润着饱满的感情，结合自己的切身体会，情真意切地赞美了张海迪的形象和事迹所产生的巨大鼓舞力量，具有极大的感染力。

美国著名演说家狄德罗曾经说过："一位以坚定的信心来向你叙说的演讲者，他是绝不会失败的……只要他确实觉得心里有不能不告诉你的事情，他的演说就会像火一样的炙热……所以，具有恳切和热诚的演说，他对于听众的影响力有如蒸汽一般的膨胀，他可以在修辞上犯有不少的错误，但是，他的演说是不会遭受到失败的。"就像一名指挥战斗的人员一样，当他们对士兵们进行战前动员的时候，根本就不会去考虑自己应该做什么手势，脸上应该做出什么表情，但正是因为热情的存在，再怯懦的士兵听完他们的动员也会热血沸腾，勇气倍增，变成最坚强的勇士。所以，要想真正地获得听众的配合，你就要尽可能地营造出热烈的演讲气氛。

不同幅度的动作和表情会表现出不一样的情感状态，你可以采用大幅度的动作和表情来辅助自己的演讲，如原来你用左手向斜上方挥动30度表示肯定的时候，现在你可以将这个动作的幅度扩大到60度；原来你用微笑来表示自己的亲和，那么现在你可以用热情、爽朗地笑声来应对听众。

此外，不管自己处于什么状态，只要不是为了强化自己的力量感，就要表现出十足的热情，即使假装，也要让自己看起来热情无比。从出现在听众面前的时候开始，我们就要轻快地走动，脸上表现出期盼的神态，渐渐地，你就会像你所表现的那样真的热情起来了。

大声说，尽力做，激情到最后一刻

在演讲时就要大声说，只有大声说才可以很快带动听众的气氛。疯狂英语演讲大师李阳便是很好的例子。

李阳是疯狂英语的创始人，全世界著名的英语口语教育专家。他学习英语的成功案例与人生成功学，带给中国很多英语学习者非常深远的影响。

20 多年来，他被邀请到 200 多个城市去传授学习英语的方法，全国 3000 多万人听到过他的精彩演讲，他的学生更是遍布大江南北。他还应邀前往韩国、日本、美国去讲学，传授疯狂英语以及疯狂汉语，缔造了属于他自己的全球著名的语言教育品牌。可是谁能想到，小时候的李阳却非常害怕登台讲话。

小时候，李阳性格非常内向，不喜欢讲话。要是家里来了客人，他便会远远地躲开；要是家里的电话响了，他也不敢去接，而是去喊自己的爸爸妈妈……

除去上面那些，令他恐惧的事情还有好多呢！像是他不敢去看电影，不敢和同学进行交流。有一次，妈妈带着他去医院治疗鼻炎，治疗仪忽然漏电，灼伤了李阳的脸，然而李阳只会忍着疼痛，不敢像其他的孩子一样喊出来。

还有一次，妈妈让李阳去街上买酱油，这对李阳而言无疑是一次挑战。他站到小卖铺的柜台前，犹豫了许久，才小声地说："阿姨，我要买酱油。"

就这样，李阳去了新疆实验中学读书。中学时，李阳的学习成绩非常不理想，曾对学习一度失去信心，有几次都想要退学。可是他最终坚持了下来，1986年勉强考入兰州大学工程力学系。

进入大学生后，他的情况并没有什么太大的变化。在大学第一学期的期末考试中，李阳的学习成绩全班倒数第一名，英语连续两个学期考试不及格。到大学二年级上学期即将结束的时候，李阳已经有13门功课不及格了。

面对这样的学习成绩，李阳很苦恼，他发誓说："不能再这样下去了，要赶上去，从灰色的生活中突围！"

经过深思熟虑，李阳决定先以英语为突破口，拼命改变一次。当时，中国大地正在兴起一股学习英语的热潮，李阳意识到，英语将是未来社会不可缺少的语言工具，这更加坚定了他学好英语的决心。他发誓，这次一定要通过四个月后举行的国家英语四级考试。

李阳怕自己坚持不下来，就找到了班里英语学习最好的同学帮助自己。这个同学是一个学习非常刻苦的学生，李阳认为，通过互相督促，就可以把英语学好。可坚持了三天后，他又不想学了。

那个同学告诉他说："李阳，你要牢记你三天前说的话！"对呀，三天前还信誓旦旦地要考过四级呢！同学的告诫令李阳开始学会反思。从那以后，两个人每天中午一起去兰州大学的烈士亭，冒着凛冽的寒风，扯着嗓子朗读英语句子。

李阳发现，大声朗读时精神会变得特别集中。十几天后，当他来到英语角，用英语与其他同学们谈话时，他们都惊奇地说：“李阳，你的英语听起来好多了。”

听到这句赞美的话，他恍若突然从睡梦中惊醒过来，开心地说：“对呀，这种‘大喊大叫’，或许正是学习英语的一种好办法！”就这样，李阳正式迈入了这种“大喊大叫”式的英语学习的殿堂。

在那之后的大学时光里，李阳不断阅读了10多本英文原版书，背熟了大量四级考题。每天，他的口袋里总是装满了抄着各种英语句子的纸条，有空便掏出来念叨，无论是在宿舍还是教室。哪怕在食堂，他的嘴都没有停过。

经常“大喊大叫”，他的舌头就灵活了，听力好多了，反应力也提高了。在当年举行的英语四级考试中，李阳只用50分钟就答完了试卷，成绩竟然是全校第二名！一个考试总不及格的学生，突然变成了一个英语高手，这实在太神奇了！

李阳通过英语四级考试的消息，很快就轰动了整个兰州大学。

李阳尝到了成功的喜悦，他的生活也随之发生了改变。他发现，在大喊的时候，自己的性格发生了变化，内向、自卑、害羞等弱点，都在大喊的过程中消失得无影无踪，而且大喊让他精力更加集中，记忆更加深刻！

李阳觉得，既然“大喊大叫”这种学习英语的好方法在自己身上取得了成功，就应该将它系统地总结一下，传授给那些还在学习英语中苦苦挣扎的同学。于是，从前内向的他做出了一个惊人的决定——开英语讲座。他请同学贴出海报说：有一个叫李阳的家伙，在学习英语方面有些体会，希望与大家一起分享。

海报贴出后，李阳又害怕了。他怕什么呢？他想，要是没有人来听自己演讲怎么办？自己讲得不好该怎么办？此时他很想打退堂鼓，甚至想在黑板上写一个通知：“李阳病了，演讲取消。”

在演讲开始前的一两个小时里，李阳还在宿舍里犹豫不决，但同学们的鼓励，让他无法再退缩了。在大家的注视下，李阳走上讲台，因为实在太紧张，差点绊了一跤。

就这样，李阳羞涩地站到讲台上，开始了他人生中的第一次演讲。他虽然讲得有些紧张，但由于理论很新颖，得到了同学们热烈的掌声。

10年后，李阳曾这样回忆当时的情景：“当时我前言不搭后语，根本没有什么演讲技巧。但我的观点很特别，方法很有效，就掩盖了演讲技巧和经验的不足。”

虽然不善于演讲，但他能大声讲出来，这让李阳找到了挑战困难的勇气。讲演结束后，很多同学都给予他最热烈的掌声，有的人还找他签名呢！

1990年7月，李阳从兰州大学毕业，被分配到西安的西北电子设备研究所。从宿舍到办公室，有一段黄土飞扬的马路，李阳每天都从这条马路经过，手里拿着卡片，嘴里念着英语。同时，他还每天坚持跑到单位的九楼顶上喊英语。那样子真是太认真了，人们见了都认为他是一个疯子，可却有人愿意同他一起“疯”。

可以这样说，李阳是站着也喊，躺着也喊，坐着也喊，跳着也喊……就是在这样坚持不懈的大喊中，他喊出了自信，喊出了成功。

演讲也是这样，只要你不怕当众丢脸，敢于大声讲，你就会从害怕讲到不怕讲，从不会讲到会讲，从讲不好到讲得好，直至最终取得演讲的成功，获得掌声与喝彩。我们虽然不能成为李阳，但我们可以像他那样大声讲，一个演讲者要想战胜胆怯，就必须这样做。

四招让你激情四射

1. 激情的演讲需要能量

能量就是力量、兴奋、热情、积极等正面的能量。如何才能获得正面的能量呢？你首先得处于一个具有正面能量的环境，这样你才有可能吸取正面能量，正如你不可能在地狱找到美好的东西，你得去天堂。同样，只要身边的朋友都是很积极的人时，才能变得很积极、很有能量。

2. 你得模仿那些有激情的人

凡是初学演讲者，最简单的方法就是模仿，小孩子学习语言就是模仿大人，小学生喜欢模仿老师。因此，你想使演讲具有激情，那你就得先模仿那些能够激情演讲的人。例如，你可以多听政治家的演讲；可以多听一些企业家的讲座；可以看一些视频，像郎咸平、林伟贤、李践、安东尼·罗宾等的视频。

3. 你必须多讲多上台

只有多讲多上台，才能掌握演讲的精髓，正如游泳是游出来的，不是学出来的，不是看出来的，要实战演练。你的经验丰富了，你才能知道该如何去发挥自己的激情。

4. 掌控听众的情绪

要想把你的激情发挥出来，最重要的是掌控听众的情绪，如果你与观众形成对立情绪，那你的激情则很难唤起听众的共鸣，甚至形成反面效果。因此，要一步一步地掌控听众的情绪，慢慢引导他们进入你的激情。

实战篇

走上演讲台就等于走上战场

第十一章 成功演讲前必须要做的事

不打无准备之仗，做好充分的准备，可以让你在面临危机的时候得心应手地化危机于无形、转危为安，让你在演讲的时候淋漓尽致地展现自己的演讲魅力和个人魅力。戴尔·卡耐基也说：“不会做准备的人永远不会有未来。”对于演讲者来说，在演讲开始之前要能深入思考、勤加练习，将准备工作做到位。

听众分析——知己知彼，才能百演百胜

理解听众的心理需求，才能明确听众听讲的目的，找到听众听讲的动机。心理学的研究表明：需要产生动机，动机引发行为，行为指向目标。为让听众接受自己的演讲，我们就要研究听众的心理需要。让听众积极配合演讲活动，也要明白听众的心理需求。

总体而言，听众的心理主要包括以下四个特点：

（1）听众对演讲的态度受到自身的影响。对同一演讲者的同样内容，听众因为受自身态度的影响会相应地采取不同的态度。

（2）听众对信息的接受具有选择性。听众听演讲是凭借听觉、视觉器官以及大脑进行认识的一种综合心理活动。它是在已有经验、知识

与心理期待的基础上开展的，所以具有极强的主观色彩与选择性。首先是选择性注意，也就是只注意那些他们有兴趣、已知、有关系或渴望了解的部分；其次是选择性记忆，也就是指易记住那些自己愿意记住的信息，遗忘那些自己不喜欢的信息；再次是选择性接受，也就是指愿意接受那些和自己一致的观点。

（3）听众都有特殊的心理需求。每个听众听演讲的心理需要都和切身利益息息相关。有希望长知识的，有希望大开眼界的，有希望能够解决实际问题的等。

（4）听众心理是独立意识与从众心理的矛盾统一。即是说听众心理既有各个独立思考、不唯上、不唯书的独立意识的一面；又有受其他听众影响改变自己看法的一面。

那么如何才能快速把握听众心理呢？我们不妨看以下技巧。

1. 说听众关心的事

演讲成功的要素之一是缩短演讲者与听众的心理距离。事实证明，如果是涉及听众所熟知并相关的事物，听众便能较快地接受演讲者的观点、演讲就容易获得成功。

法国总理孟杰斯·法朗士很聪明，他知道怎样让听众的耳朵竖起来。

1954 年 8 月 7 日，他在一次电台广播讲话时，用了一段简短的楔子："8 月中旬正是你们中间很多人休假的时候，我想如果打断你们片刻的休息时间，跟你们说几个关系重大的问题，你们是不会对我反感的，因为这些问题事实上对大家都是休戚相关的。"听众一听是"与自己休戚相关的"，都打起十二分的精神，集中全部的注意力把耳朵凑到收音机旁。

演说者从听众的角度出发，紧紧抓住了听众的心，拉近了演讲者与听众的心理距离，所以成功是必然的。

演说者的成功正是在于他明了听众的目的，以及听众期望演讲者能提供给他们的解决难题的知识和方法。有了这样的认识，你才会寻找到听众的真正疑惑或需求，确定自己的演讲内容、主题，也才能有的放矢地演说，才能拥有取得成功的先决条件。

如果听众渴望了解当前的局势，那你可以分析国际国内的政治动态；如果听众希望了解怎样进入股市，那你可以对他们讲述有关股市、股票的基本知识……英国新闻界的威廉·伦德夫·赫斯特作为美国大报业的经营者在被问到哪种话题能吸引听众时，他毫不犹豫地回答："就是与自身息息相关的话题。"他正是在这种理论指导下，建立了他的新闻王国。

不用举更多的例证，我们已经明白：与听众休戚相关的话题，必然会赢得听众的认同进而被听众接受。如果我们心中没有听众，以自我为中心，听众就会因感到事不关己，而显得心不在焉、东张西望，这无疑是对演讲的嘲讽。

2. 真诚地夸赞

听众是一个思维活跃的群体，他们会根据自己的立场对演说进行评价。如果你不尊重他们，他们会不留余地地拒绝你。所以，如果听众有值得称道的表现，就应抓住时机予以肯定。做到这点就等于拿到了自由出入听众心理王国的通行证。当然，应有赞扬的技巧，否则只会适得其反。

3. 寻找共同点

演讲与对话都是人际交往与沟通的必要手段。如果你是应邀演讲，那么与听众建立起融洽的关系是很重要的。英国前首相麦克米伦，在德堡大学毕业典礼上，他的开场白就不失时机地抓住了听众的心："感谢各位对我的欢迎，虽然作为英国首相在这里发表演说的机会并不多，但我并不认为我是英国首相才被邀请。”然后，他又回顾了自己的家世，并告诉听众，他的母亲是出生在本州的美国人，而他的外祖父就是印第安纳州德堡大学的首届毕业生。

麦克米伦以其直系亲属的血缘情分，和属于开拓者时代的美国学校生活方式为话题所发表的演说，其反响之热烈，自不待言，获得这一成功的重要因素无疑是巧妙地抓住了听众与演讲者双方的共同点。

4. 让听众充当演讲中的角色

演讲者将听众吸引到演讲的情景中去，让他们扮演其中某个角色，这对提高听众兴趣，是一种上乘之法。

有时为了达到让听众扮演一个角色的效果，可以向观众提问，或者让听众重复一遍演讲者的话，然后举手回答。《富有幽默感的作家与说话》的作者巴西·H. 怀汀一再强调“要让听众直接参与表决，或让听众帮忙解决问题”。并且认为要有正确的思维方向。如果用演讲稿的方式去演说，那么观众的反应肯定不会很强烈，应把听众当做是你共同事业的合作伙伴。演讲者如果能做到让观众参与，就能使他要表达的论点更加深入人心。

听众的反应如何，决定了一场演讲的成败。当演讲者能够把握听众的心理时，就像掌握了打开听众心扉的钥匙。演讲者可以练习运用以上四个技巧，在满足听众心理需要的基础上才能充分调动听众情绪，进而成功地演讲。

演讲主题——知道自己讲什么才能讲什么

所谓演讲主题就是指你演讲的中心思想，比如，你要讲的是节俭的问题，你的一切材料都是围绕着节俭是个人涵养的内在修炼这个中心展开的，那么这个中心就是你的演讲主题。如果你的材料是围绕着“节俭是理财的第一步”选择的，你的演讲就跑题了。一场演讲，要想为人所铭记，很久以后还有记忆犹新之感，你就要为它选择一个合适的主题观点。这个观点可以是一个命令，也可以是一条信息；可以仅仅是一种情感，也可以是一项政策。但无论如何，这个主题可以准确地传达出你的情感偏好和观点，给听众提供特定的引导和建议，并给听众留下深刻的印象。

这就像一场电影一样，很多人看电影后会说“没什么意思，没有内涵”。这就说明，这场电影没有一个好的主题，最起码没有一个能够给人留下深刻印象的主题，看完后只是看完了，什么也没有记住。事实上，我们很多时候评判一场电影是不是好电影的标准也是它表现了一个什么样的主题，以及导演是怎样表现这个主题的，而不是看它投入了多少金钱，招募了多少大牌演员，场面有多华丽，导演有多大牌。演讲也是这样，听众在评判一场演讲的时候，看的是演讲者选择的主题有没有深度以及有没有使这个主题更丰满，而不是演讲者有多大名气、会场布置有多漂亮、工作人员的服务有多好。

所以，选定一些话题、材料之后，你还要弄清楚一个问题：通过这些话题和材料，你想传达给听众什么情感、建议和观点。弄清楚这个问题，你的演讲才有了骨骼，才能够站立起来。南非共和国前总统纳尔逊·曼德拉是著名的黑人领袖，由于长期坚持反对种族隔离制度，并为之而不懈斗争，最终被判终身监禁。27 年之后，他终于获得自由，在出狱的时候，他发表了以下演讲：

朋友们，同志们，同胞们：

我以上帝的名义向大家致敬，向和平、民主和全人类的自由致敬。我不想预言什么，我只是你们谦卑的公仆，是作为人民的公仆站在这里，我以公仆的身份向大家致敬。我今天之所以有机会站在这里，全是因为你们的不懈奋斗和英勇牺牲。所以，我把余下的生命交给你们。现在，我获得了自由，在这里，我要向我的同胞们、向世界各地为了让我获得自由的人们致以最热烈、最真诚的谢意。

现在，不管是白人还是黑人，南非大多数人民都已经充分地认识到了种族隔离制度的必将没落。为了得到和平与安全，我们一定要采取具有决定性的声势浩大的行动使这种罪恶的制度走向终结。我们已经采取了很多大规模的行动来争取自由、确立民主制度，我们的行动也必将带来这个结果。

种族隔离制度给我们这片大陆造成了难以估量的破坏。无数的家庭被摧毁，无数个家庭失去了必需的生活基础，无数的人失去了住所、失去了赖以生存的工作机会。我们的经济受到了毁灭性的打击，我们的人民面临着无尽的政治冲突。为了终结种族隔离制度的暴力，我们的“民族之矛”已经出鞘，我们的非洲人民国民大会已经建立，在1960年，我们采取了武装斗争。

现在，我们仍然要这样做，要进行武装斗争。我们没有别的选择，我们只有继续进行武装战斗。我相信，不久的将来，我们不必再进行这样的武装斗争，我们能够通过谈判来解决问题，我们一定会建立起这样一种氛围。

在非洲人民国民大会的成员中，我是其中的忠诚一员，我遵守纪律，我完全赞同非洲人民国民大会的目标、战略和策略——我们只有把人民团结在一起，才能够实现南非的和平、民主和自由。以前，我们要这样做，现在，我们也要这样做，但这是任何一个领导人都无法独自做到的，我们需要团结在一起去实现这个目标。

身为非洲人民国民大会领袖中的一员，我希望，我们能够通过我们的组织向民众说明我们的观点，通过民主机制来为我们指明前进的道路。我认为，我应该强调的是：带领我们为了民主而战的领导人应该由民主选举产生，在全国性会议中产生。我们必须坚持这一点、明确这一点。我要告诉大家：过去，非洲人民国民大会和政府进行了一系列的会谈，这些努力都是为了让南非的政治局势走向正常，但是现在，我们对于斗争的基本要求还没有进行实质性的讨论。

我想强调的是，除了这些，我个人从来没有和政府进行过关于南非未来的谈判。我认为，这样的谈判还不能进行、不能开始，因为这样的谈判要当着人民的面进行，不能凌驾在国民之上。我们始终认为，南非的未来只能由一个民主机构来决定，只能由一个通过民主选举产生的机构来决定，只能够由一个不受肤色影响的机构来决定。要谈判消灭种族隔离制度问题，就必须正视我国人民的压倒一切的要求，即建立一个民主的、不分肤色的和统一的南非。我们一定要终结白人垄断政权的现状，我们一定要从根本上改变这种状况，改造南非的政治制度和经济制度，从根本上杜绝种族隔离制度带来的不平等，在南非实现彻底的民主化。

现在到了决定性的时刻，到了进行决定性斗争的时刻。我们必须抓住这个决定性的时机，迅速地将民主事业推向前进。这一天，我们等得太久了，对于自由、民主，我们渴望得太久了。我们不能再继续等了。我们要在每一条战线上加强斗争。我们不能放松警惕，我们不能放松努力，否则我们将失去这一千载难逢的机会，那样，我们的子孙后代将不会原谅我们。现在，自由已经在地平线上出现，我们要加倍努力，我们要依靠群众，我们要组织有纪律的群众运动，为取得胜利创造坚实的保障。

我们热情地欢迎白人同胞加入我们的队伍，为建立一个新南非而共同努力。为了自由而战也是白人同胞政治上的最终归宿。我们欢迎国际社会继续采取行动，将这个坚持种族隔离制度的政府摒弃。如果不这样做，如果放任这个政府，种族隔离制度就不会消失，自由、民主就不会到来。但是我们不应该放弃对自由、民主的追求，这个进程是不可逆转的，我们不应该让恐惧挡住我们的视线，我们必须进行民主的和不分肤色的普选，这也是通向和平与种族平等的唯一坦途。

最后，在1964年，我曾经说过，我为反对白人统治而战，也为反对黑人统治而战；我珍视民主和自由，我盼望人人和睦相处，机会均等。我珍视这个理想，并追求这个理想。如果需要，我准备为这个理想而死。

在这篇演讲中，演说家曼德拉先表达了自己的立场，即“作为人民的公仆站在这里”，对人民对自己的支持表示了感谢，然后提出了种族隔离制度给人民带来的巨大灾难，接着说明了自己正在做的努力，最后提出了自己对人们的期望，呼吁南非人民努力争取民主和自由、实现和平与种族和谐，并表明了“准备为这个理想而死”的强烈愿望，先有力地阐述了“种族隔离制度给我们这片大陆造成了难以估量的破坏”“要谈判消灭种族隔离制度问题，就必须……建立一个民主的、不分肤色的和统一的南非”的主题。整篇演说听来主题鲜明，层次清晰，震动人心又简明易懂，可称得上是演说中的典范。

这也告诉我们，演讲不是哗众取宠的东西，不是闲极无聊时拿来逗乐的工具，而是演讲者和听众之间的思想、情感沟通。你要向听众传达一种独特的、有深度、有内涵、对听众有益的东西，确保你的主题能够引起听众的思考。如果主题不清，即使你的话题再好，技巧再完美，也是无济于事的。

主题是演讲的灵魂，贯穿于整篇演讲之中。只有主题明确了，你才能在接下来的时间里收集相关材料，安排结构，拟定讲稿。

当我们准备演讲之前，首先要思考我们讲些什么，要告诉听众些什么道理，要传达给听众些什么知识，把期望传达给听众的中心意思确立下来，演讲的主题也就形成了。

演讲稿件——好的演讲稿是成功的一半

演讲稿的好坏直接影响演讲的效果。细心地品味一下世界演讲大师们的成功演讲，会发现除去他们演讲时的神情风采和演讲场面的热烈气氛，他们的演讲稿也足以让人振奋。写出一篇好的演讲稿，让你的语言闪现出思想的光芒、感情的火花，就成功了一半。什么样的演讲稿才是好的演讲稿呢？怎么样才能写出好的演讲稿呢？抓住以下重点，你就能写出一篇好的演讲稿。

1. 演讲稿要以情感人

演讲必须以情感人，情感是演讲的生命线。没有人愿意坐上几个小时，听这些空而又空、玄而又玄的大话。所以，精彩演讲稿要以情感人。说出自己的心里话，而不是“为赋新词强说愁”。那些空泛、虚假、夸大的情感，只会让人感到做作、别扭。社会交往中待人真诚是第一，说话也是真诚第一。白居易说：“动人心者，莫先乎情。”唯有炽热真实的感情，才能使“快者掀髯，愤者扼腕，悲者掩泣，羡者色飞”。

美国第一任总统华盛顿的就职演讲是这样开篇的：

“参议院和众议院的同胞们，本月14日收到根据两院指示送达给我的通知。阅悉之余，深感惶恐，我一生饱经忧患，唯过去所经历的任何焦虑均不如今日之甚。一方面，因祖国的召唤，要我再度出山，对祖国的号令，我不能不肃然谨从。然而，退居林下，是我一生向往并已选定的归宿。我曾满怀奢望，也曾下定决心，在退隐之中度过晚年。对于退隐，除喜爱之外，已经习惯；而自己的健康因长期操劳也随着时光的流逝日益衰退，对隐退更感需要。另一方面，祖国委我以重托，其艰巨与繁难，即使国内最有才智和最有阅历的人士，亦将自感难以胜任，何况我资质鲁钝，又从未担任过政府行政职务，更感德薄能鲜，难当重任。处于此种思想矛盾中，但我一直认真致力于正确估量可能影响我执行任务的每一种情况，以确定我的职责，这是我所敢断言的……”

在场面热烈盛大的就职典礼上，华盛顿的演说并不激昂，甚至有些低调，似乎与当时的盛况有些不和谐，但是看得出来，这确实是他的心里话。据当时一家报纸报道，华盛顿在宣誓和演讲时非常“虔诚热情”，很多听众都流下了眼泪，其动人之处正是在于他的虔诚，他讲的确实是一个年近60岁的老人受命承担国家命运时的思想斗争。恰恰是因这一斗争的激烈，更让人们看到这位总统的爱国热情。这篇演讲稿的名字就叫《我的热情驱使我这样做》。这个低调的开篇比那些慷慨激昂的宣告感人得多，正是因为他讲的是自己的真心话。说出了自己的心里话，用真情打动听众，这才是真正受人欢迎的精彩演讲稿。

2. 演讲稿要符合时间和场合

俗话说：到什么山头唱什么歌。具体问题要具体分析。对不同的人说不同的话，在不同的场合用不同的讲话方式。这样才能取得良好的效果。在演讲时我们必须切合具体的听众对象。这就要求我们必须注意以下几点：演讲要看对方的职务和身份；演讲要看对方的性格和心理特点；演讲的雅俗和深浅要与对方的接受能力相适应；要注意复杂多变的人际关系。只有充分考虑听众的喜好与心理，才能使自己的演讲受到欢迎。

不分对象，哪怕内容再深刻，技巧再精湛，也不能深入人心。这是一个演讲者应该具有的基本意识。因此，在写讲稿时就必须注意到这些问题，要根据听众的有关情况安排讲稿的内容和语言。如果面对学生，就应该深入浅出，亲切和蔼地准备讲稿；如果面对专业人士，不妨深入一些；如果面对年轻人，就得贴近他们的生活，活泼时尚一些；面对的是中年人或老年人，切不可油嘴滑舌。注意使演讲切合具体的场合，才能因势利导，演讲才有力度。

丘吉尔在第二次世界大战阴影笼罩全球时，在一个圣诞节上，发表了这样的演讲：

“战争的狂潮虽然在各地奔腾，使我们心惊肉跳，但在今天，每一个家庭都在宁静的、肃穆的气氛里过节。今天晚上，我们可以暂时把恐惧和忧虑抛开、忘记，而为那些可爱的孩子们布置一个快乐的晚会。全世界说英语的家庭，今晚都应该变成光明、和平的小天地，使孩子们尽量享受这个良宵，使他们因为得到父母的恩赐而高兴，同时使我们自己也能享受这种无牵无挂的乐趣。然后我们担起明年艰苦的任务，以各种代价，使我们孩子所应继承的产业，不致被人破坏。因此，在上帝庇佑之下，我谨祝各位圣诞快乐。”

在战争席卷全世界的背景下，安静、肃穆的圣诞节是何等难得，不忘在这样的日子中致以希望与祝福，不忘让战争中的家庭暂时放松，让这个盛大的节日不失节日的气氛。但丘吉尔同时也不讳言战争的可怕，让恐怖与安详形成鲜明的对比，让人们更憎恨战争的残酷。在战争的阴影下，在欢乐的圣诞节日里，听了这番话，人们能不振奋激动吗？如果在这样的情境中，丘吉尔大呼“我所能奉献的没有其他，只有热血、辛劳、汗水与眼泪”，这将大煞风景；而一味地祝福，无视眼前的困境，又不像一个首相的演讲。丘吉尔发表如此精彩的圣诞祝词，能够尽显一个演讲大师的风度，的确与时间和场合非常切合。

稿件选材——材料新颖、真实才能吸引听众

演讲的材料是整个演讲的命脉，只有新颖、真实的材料才能吸引听众，让自己得到听众的喜爱。

那么，如何有效收集材料呢？

选材料是一个技巧活儿。会选的沙里淘金，不会选的买椟还珠。总的来说，选材有几大原则：真实可靠、有说服力、材料新颖、有典型性。下面我们一一详谈。

1. 真实可靠

用一个虚假的事实来证明自己的观点，或支持自己的主张，会让你的演讲变得不可信。在你材料的真实性上，不要想当然，也不要抱有侥幸心理，更不要把听众当傻瓜愚弄。

网络时代，虚假信息、小道消息到处泛滥，如何鉴别是一种本领。例如2012年辛亥革命100周年前夕，国内媒体指责韩国某媒体，其“罪行”是韩国媒体称孙中山是韩国人。这则新闻引来不少媒体跟进，结果几天之后，真相大白——这是一则假新闻，那家韩国媒体根本没有

说过这样的话。这样的假新闻，要证伪其实不难，但还是有很多知名媒体“想当然”地轻信了，这个错误对于媒体自身的公信力来说是一个打击。

如果你在演讲中引用类似的假材料来证明自己的观点，无疑会起到反作用。在为演讲稿选取材料时，一定要尽可能确保材料真实可靠。如果一时无法证实真伪，就应该忍痛割爱。

2. 有说服力

素材收集完备后，你需要进行整理。这时必须关注你的主题究竟是什么，检查一下自己是否选择了有说服力的资料。演讲主题应避免空泛，越具体越好。

我们前面说过：演讲属于主题先行。因此，你在材料的取舍上，首先要看它能否有力地支持主题或为主题服务。凡是更能突出、烘托主题的材料就选用，否则就放弃。

3. 材料新颖

老掉牙的材料不如新材料。在信息日新月异的今天，过去的经验、理论、数据，对今天不一定适用。一些著名的演讲大师，尤其注重在“新”字上做文章，他们的材料里，有“昨天发生的事”，甚至有些是在演讲前几分钟从报刊或网络上得来的信息。

有一家公司正在为上市做前期准备，公司董事长在召开中上层领导会议时这样说：“在我赶来这里的路上，从网上得到一个消息：××公司的上市计划受挫。他们之所以受挫，是因为……”

这样的讲话，比分析 N 年前的案例要吸引人得多，而且也具有现实意义。这就给我们提供了一个新的思路，在你的演讲稿写好后，临登场演讲的前几天，还应该留意一下报纸与网络，如果有新鲜的材料，要及时补充或替换进稿子里。

4. 有典型性

所谓有典型性，就是具有代表性，能够揭示事物的本质。对于偶然的、个别的、表面的东西，应该坚决丢弃。

以上所列四点，因为考量的角度不同，所以有时也会彼此产生冲突。具体如何权衡把握，要因情而变。但不管如何，真实性是排在第一位的，对材料的取舍有“一票否决”的权力。

材料的收集，其实可以变为事前的收集。也就是在闲时做个有心人，将各种自己感觉有价值的材料收集起来。电脑网络的普及，让这种工作变得方便快捷。来自网络的材料（文字、图片或视频、音频），可以通过复制或下载的方式保存。其他来源的材料，也可以通过录入或数据输入的方式保存在电脑中。材料库最好分门别类，这样方便需要时迅速准确地调取。

5. 语言通俗易懂

我们想要达到演讲目的，首要的条件便是能够使人听懂，知道演讲者想要表达的是什么。所以要是演讲者使用的词汇以及术语超出听众的理解范围，便应当用通俗易懂的语言进行解释。尤其是发表有关专业方面的演讲时，对专业词汇就更应该进行解释。

6. 适当使用幽默材料

适当地使用诙谐幽默的材料能够在很大程度上吸引听众的注意力。幽默的材料可以帮助你消除与听众之间的紧张感，很快拉近演讲者和听众之间的距离，给听众留下好印象，在演讲过程中还可以起到婉转地表达自己观点的作用。

当然，选取材料的方式肯定不只这几种，还是要依靠演讲者在演讲当中的积累。所有的方法其目的不过是为了完善自我，吸引听众的注意力，使自己的观点通过演讲被听众广泛接受，要正视这一点才可以达到自己的目的。

课后实战训练:

演讲稿写作练习

1. 演讲稿规则

（1）演讲可斟酌时间、场地，选择使用备稿演讲、大纲式演讲、即兴（席）演讲方式。

（2）演讲稿的篇幅要依时间长短决定。30 分钟以上属长篇，5～30 分钟为中篇，5 分钟以下属短篇。

（3）演讲稿的基本结构可参考下图，其中称呼、问候语、谢词或祝福语，须斟酌场地、对象、情境作变化，备稿时，则以主体为要。

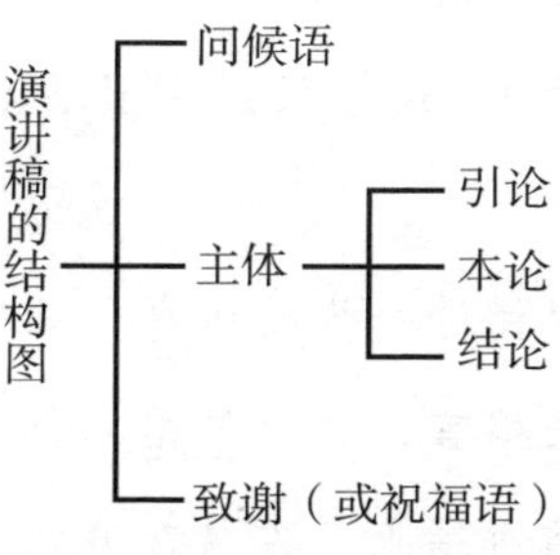

演讲稿的基本结构

2. 引论的写作

引论是演讲稿的开头，以不超过全稿 1/5 的篇幅为宜。写作时可采用下列几种方法：

（1）名言锦句法：用格言、名句入题，给人提示的作用。

（2）开门见山法：直接说出精义，显得干脆利落。

（3）故事实例法：从简短故事、实例、笑话说起，可引发兴趣。

（4）提出问题法：以内容相关问题开始，可带动听众思考。

3. 本论的写作

本论是演讲稿的重点，写作时可采用下列几种方法：

（1）逐层递进法：运用从小到大、由近而远、从头到尾、由轻而重等方式，可收到条理分明之效。

（2）借用巧譬法：借彼喻此，使听众容易了解接受。

（3）因果推论法：探讨事件可灵活采用“先因后果”，或“先果后因”；后者虽然有违常理，却有推求原因的探索之乐。

（4）反复说明法：对于新理论的介绍，可用不同说法反复说明，以加深听众印象。

4. 结论的写作

写作时可采用下列几种方法：

（1）要点归结法：结束前归纳出重点，可加强听众记忆。

（2）前后呼应法：结论不忘照应引论，使听众感觉全篇演讲的完整。

（3）引导进阶法：提供进一步的讯息，让听众有探索研究的兴趣。

（4）提出精义法：用格言、警语作结，全篇讲稿可发人深省。

（5）呼吁慰勉法：演讲结束，期待听众能实践行动，可提出呼吁、勉励。

第十二章　走上台时如何说好第一句话

俗话有：“凤凰头，小巧美丽。”演讲词开头最好是短小精巧，新颖诱人。标新立异的开头，可以有效唤起听众的兴趣与求知欲，产生很大的吸引力，紧紧抓住听众的兴趣点，使听众达到共鸣。精彩的开头，要勾勒提要，画龙点睛，可以自然顺畅地引领下文，将听众带进声情并茂的演讲情境中去，形成有利于接受演讲观点的心理定势。

好的开场白要遵循的原则

好的开头，在通篇演讲中处于遥遥领先的独特位置，在演讲者与听众之间架起了一座沟通思想情感的桥梁，为演讲的进一步进行开辟了道路；好的开头，可以为全篇演讲定下基调——是庄重严肃，抑或是喜庆欢快，还是诙谐幽默，通常一开始便给人以清晰的印象。好的开场白需要遵循以下几点原则。

1. 能够取得听众的信任

有时，听众可能会对演说者的目的提出疑问，或是和演说者持相左的观点。在诸如此类的场合，尤其是想改变听众的观点或行为时，要想使演说成功，便需要建立或者提高听众对演讲者的信任感。杰弗里与彼得森两位专家针对这个问题提出了以下几条建议。

（1）承认分歧存在，不过要着重强调共同的观点与目标。

（2）对那些连演讲还没有听便对演讲者的名声以及所作所为进行攻击的行为加以强烈驳斥。

（3）否认演讲的动机是自私与个人的。

（4）唤起听众的公道意识，使他们认真地去听。

开场白究竟是不是成功，在很大程度上影响着一场演讲的成败。对开场白的基本要求便是简洁并富有吸引力。

2. 能够激发听众的兴趣

在美国会计协会罗切斯特分会的一次演讲中，聪明的演讲者唐纳德·罗杰斯通过表达他对听众需求的关心从而激发起了他们的兴趣：

> “我今晚要演说的题目是《信息的透露》。确定这个题目之前，我先是查阅了本地的会计年鉴分册和全国会计协会的学术专刊，然后又询问了我的同事亚历克斯·莱文斯顿和戴夫·汉森：‘今晚来听演说的人都有哪些？他们希望我讲什么？’他们告诉我在座的各位都是些很热心的人，希望我的演说有趣而富有启发性。因此，我将告诉大家一些有用的知识，我也同时希望我的演说简明扼要，并留给大家一定的提问时间。”

从根本上来说，听众是非常“自私”的，他们只不过是在感到能从演说中有所收获时才专心去听演说。演说的开头应当正面回答听众心中的“我为何要听”这一关键问题。

3. 为听众说明演讲目的

美国一快递公司的主席——詹姆斯·鲁滨逊三世在短短的15秒钟内便把他的演说目的表述给听众了：

"女士们，先生们，早上好。谢谢大家给予我这个露面机会。美国广告联盟是美国传播工业的一个重要组成部分。当前，美国传播工业还面临许多问题，而重担则落在大家的肩上。我今天演说的目的便是就这些问题及它们呈现出的挑战谈谈我的看法。"

在一般情况下，演讲的开头应当揭示出演讲的目的。要是做不到这一点，那么听众或者会对此次演讲失去兴趣，或者会误解演讲的目的，或者甚至于会怀疑演讲者有不良动机。

4. 为听众阐述演讲结构

汉诺威信托制度公司的主席兼总裁——约翰·F. 麦克基里卡迪在一次演讲的开头中就非常明确地陈述了他演讲的结构及范围：

女士们，先生们，晚上好。我很荣幸应科里曼主任之邀来参加这个在我国很有权威的商业论坛——在见解上它可以与底特律和纽约的经济俱乐部相提并论。

首先，我将对最近的国内经济形势加以展望。我认为它并非人们有时所想象得那样严峻。

其次，谈谈近期欧佩克的经济增长对国际经济增长的影响——对包括我们自己在内的许多国家来说是件痛苦的事，但又是完全有办法应付的。

再次，对总统的能源建议做几点评论，我认为它既令人鼓舞，又令人失望。

最后，我将就演说逐渐成为一种时尚和必要的现象以及美国的现状谈一点个人看法。

演讲时，应当利用开头部分对演说内容加以高度概括，使听众了解演说的中心思想以及结构。

尤其是当演说的主题十分复杂，或是专业性比较强，或是需要论证一些观点时，这样做就能使演讲更加清楚并容易理解。

5. 为听众提供背景知识

美国空军少将——鲁费斯·比拉普斯在夏努特空军基地的一次宴会上做演讲时，就对“黑人遗产周”的有关背景知识及其对美国空军的重要性做了以下介绍：

“我很高兴来到此地，同时我也很感谢应邀和在座各位讨论有关美国黑人问题。为保持和增进民族间的理解，美国各大州又开始纪念‘黑人遗产周’。在这夏努特空军基地，我们庆祝它则可以对美国空军进行完整无缺的教育。

“我们民族的主旋律是：‘黑人历史，未来的火炬。’

“这个已成为美国人民生活一部分的纪念活动，是弗吉尼亚州纽坎顿市卡特·C. 伍德森最先提出并计划的，他现在被誉为美国‘黑人历史之父’。伍德森先于1915年成立了‘美国黑人生活和历史协会’。后来，他又于1926年发起了‘黑人遗产周’纪念活动……”

演讲时，演讲者被认为是专家或者权威。所以，要是听众对演说的主题不熟悉或是知之甚少，那么很有必要在开头部分对听众讲解和主题相关的背景知识，它们不仅容易使听众理解，而且还可以衬托出主题的重要性。

6. 能吸引听众的注意力

麦克米兰石油公司副总裁——迈克斯·艾萨克松在一次演讲的开头中就运用了反诘的方法来吸引听众：

“我们都知道，演说是件很难的事。但是请听听丹尼尔·韦伯斯特是怎么说的吧：‘如果有人要拿走我所有的财富而只剩下一样，那么我会选择口才，因为有了它我不久便可以拥有其他一切财富。’那么为什么许多有才华的人偏偏害怕演说呢?”

演讲开头成败的关键在于能否吸引并集中听众的注意力。演讲时获取听众注意力的方式要随题材、听众和场景的不同而改变，一般可以运用事例、逸闻、经历、反诘、引言、幽默等手段达到此目的。

开场白要吸引听众

当你在进行重要的演讲时，觉得很难使听众产生兴趣，这样怎能与你产生互动呢？请你看看英国文学家纪伯伦在开始演讲时是怎样逗引听众大笑的。他所讲的并不是编造出来的故事，而是他自己真实的经历，并且用戏谑的口吻指出他的矛盾。

他说：“诸位，我年轻的时候，一直住在印度，我常常为某家报馆采访刑事新闻，这工作是非常有趣的，因为它使我有机会认识一些伪造货币者、盗窃者、杀人犯等这一类富有冒险精神的天才。(听众大笑)

有时我采访到他们被审判的情形后，还要到监狱里去拜访一下我那些正在受罪的朋友。(听众又发笑声)

我记得，有一位因为杀人而被判无期徒刑的人，是个很聪明且善于说话的年轻人，他告诉我他的高见：‘我觉得一个人如果一失足跌入罪恶的深渊里，就非得从此为非作歹不可，最后他会以为只有把其他人都挤到邪路上，才可表现自己的正直。’这句话中的‘他’正好可以贴切比喻当时的内阁!”(听众的笑声和掌声并起)

还有一种开头法是使听众的心情仿佛悬在半空中，以此抓住听众的情绪，以下是从一篇文章中节选的一段开场白：

“在近百年前，伦敦出了一本被公认为不朽的小说杰作，很多人都认为它是‘全球最伟大的一本书’。这本书出版的第一天，便销出一千册，两星期共销出一万五千册，以后又不知再版了多少次，而且世界各国都有了它的译本。大银行家摩根以一笔可观的代价，买到了这部书的原稿，现在这份原稿和摩根其他无价的宝物一起陈列在纽约的美术馆中。到底这部世界名著是什么呢？那就是狄更斯的《圣诞欢歌》……”

这篇演说的开头，是不是很成功呢？为什么它一开始就能引起你的注意，并且渐渐引发你的兴趣？原因在于引起了你的好奇心，使你的心情犹如悬在半空中一样。

通常人们会被好奇心所影响。如果你开口的第一句话就能引起听众的好奇心，你就已经掌握住听众的兴趣和注意力了。

一场演讲的好坏，完全可以取决于开场白能否吸引住听众。一般来说，演讲开场白有三个要素：

（1）你必须在开始说第一句话时就讲得趣味盎然，不要等到第二句，更不要等到第三句，你应该注意的是：第一句，第一句，还是第一句。

（2）这第一句究竟应该讲些什么，得由你自己观察你的听众、你的题材，以及当时的情境再行决定。

（3）当你站在听众的面前，第一句话也是听众最注意的，若你的第一句讲得不好，接下来就很难紧紧抓住听众的注意力。如果你开始便失去听众的注意力，之后要费九牛二虎之力才能挽回颓势。

用具体事实做开场白

使用惊人的事实做开场白，可以惊醒听众的白日梦，抓住他们的注意力，这样的开头自然、真实、具体，听众感到亲切，愿意再听下去，也乐意而不是勉强接受演讲者的观点。

有一位演讲者要说明“无线电的奇观”，他开头竟然这样说：

“你们晓得吗？纽约的一只苍蝇在玻璃窗上爬过的声音，用无线电传播到非洲的中部，会像那尼亚加拉大瀑布的巨响一样……”

一般的听众长时间静听抽象的议论，会感到不耐烦。而讲实例总是比较能够入耳，让人有兴趣听下去。那么，为什么不先讲实例做开端呢？可有些演讲者，他们总觉得应该先做一点概括的议论为好，这是完全没必要的。用实例开场，引起听众的兴趣，然后再接续一般的陈述，反而使听众容易接受你的观点。

例如，下面这篇演讲开端就非常令人喜欢。这是一位女士在法律尚未禁止“童婚”之前，于纽约妇女选举协会上作的演说：

“昨天，当火车经过离此不远的一个城镇时，我忽然想起数年前在那里发生的一桩婚姻。因为在纽约州至今还有许多婚姻都像这样轻率与不幸，所以今天我愿意详细地描述那桩婚姻的情形。那是在12月12日，该城中某高等女校的一个年龄15岁的女孩子，遇见了附近一所大学一年级的学生，到12月15日——即相识三天后，他们虚报那女孩的年龄为18岁，从而领了结婚证，因为依据法律，到这个年龄不用取得父母的许可即能结婚。他们领到结婚证后，便立刻去找一位牧师证婚（那女孩是天主教徒）。但那牧师却很正确地拒绝了他们。不久，那女孩的母亲听说了这件事。然而在那位母亲等到她的女儿之前，一位保安官已使这一对年轻人成了眷属。随后新郎便把新娘带到旅馆里同居两天两夜，之后他却抛弃了她，再也不和她同住了。”

讲完这一实例后，她再详细阐述反对“童婚”的观点。

演讲者也可以将具体事实融入场景，即兴发挥。

美国国务卿埃弗里特一次在葛底斯堡国家烈士公墓揭幕式上发表演讲，远处的群山、眼前的原野、伫立的人群、肃穆的气氛，激起他心底波浪翻滚，他抛开讲稿，即兴发挥：

站在明静的长天之下，从这片经过人们终年耕耘而现在还安静憩息的广阔田野放眼望去，那雄伟的阿勒格尼山脉隐约地耸立在我们前方，弟兄们的坟墓就在我们脚下，我真不敢用我这微不足道的声音来打破上帝和大自然所安排下的这意味无穷的寂静……

这个开场白相当精彩，字字句句震撼了听众的心。

再来看以下这个例子。

在一个古钱币展览会上，一位男士利用两根手指夹着一枚钱币，将之高举过肩，自然观众都被他手上的钱币吸引了。之后，他才开始演讲说：“在场的诸位，有没有人在街上捡到过这样的钱币？”接着，他开始讲述这枚钱币的稀有以及他的收藏经过。

拿一些实物展示给听众看，这是极易引起听众注意力的一个好方法。这种实物的刺激，有时对于一些较难集中注意力的听众，同样会产生比较好的效果。

> 某中学生在参加用“珍惜时间”当做主题的演讲赛时，在教室的窗台上捡起一片黄叶，慢悠悠地走上讲台，开始了他的演讲：
>
> “亲爱的同学们，你们看我手上拿的是什么？是一片落叶吗？不错。然而仅仅只是一片落叶吗？不。它是穿过时空隧道的过客，是一叶凝聚的时间，是一首哀叹时间一去不回头的诗。我们读它，仿佛是在与那来去无踪的时间对话。从这里，我们看到了时间的力量和冷峻。绿叶婆娑，那是时间的恩典；黄叶飘零，那是时间的摧残。面对它，我们还有什么理由轻视时间呢……”

演讲者独具匠心，用实物作为“切入点”，拿一片落叶来具体形象地阐发时间的哲理，激起了听众内心的波澜，使演讲跳出了泛泛而谈、因循守旧的老套路，获得了饱满的立体感，带给听众以耳目一新的感受，效果很不错。

这种开头方式多用在法庭演讲、军事演讲或学术演讲中。它一般通过展示实物，首先给听众一个较为感性的直观印象，之后借助具体实物，提出与阐述见解。像是在法庭演讲中，展示证物；在军事演讲中，首先向听众展示军用挂图或者战场实物；在学术演讲中，首先展示科研成果或者图表等。这样开头，因为增强了演讲的直观性与实体感，更有利于对内容的表达以及逐步深化。

像是在《拼搏——永恒的旋律》这篇演讲中，演讲者一开头便说：

> “今天我给大家带来了一样礼物。（举起一个小铜盒）我珍藏它已五年多了。它不仅使我改变了自己的命运，更使我明白了自己

肩上的重担不止千斤。你们一定想知道它是什么，那就请听一个关于我自己的真实的故事……”

这样拿实物作为开头，非常自然地带给听众一些悬念。接着，演讲者便用铜盒作为线索讲了下去。讲到关键处，他更是抑制不住激动的心情，猛地打开铜盆，拿出内装的血书写的“拼搏到底”四个大字，令听众产生强烈的感情冲动。最后，演讲者说：“坚信我们会用钢铁的意志，坚实的行动勇往直前！因为我们共同拥有一个永恒的旋律——这就是拼搏！”说完不忘高举血书，将会场气氛推到最高峰。

文章开头最难写，同样的道理，演讲的开场白最不易把握，要想三言两语抓住听众的心，并非易事。如果在演讲的开始听众对你的话就不感兴趣，注意力一旦被分散了，后面再精彩的言论也将黯然失色。因此只有匠心独运的开场白，以其新颖、奇趣、敏慧之美，才能给听众留下深刻印象，才能立即控制场上气氛，在瞬间里集中听众注意力，从而为接下来的演讲内容顺利地搭梯架桥。

用幽默话语做开场白

幽默型即是以幽默或诙谐的语言及事例作开场白。这样的开场可以使听众在演讲者的幽默启发下集中精力进入角色，接受演讲。

下文为新东方创始人俞敏洪于 2014 年 6 月在浙江大学的幽默开场白演讲：

亲爱的同学们，大家下午好！

小平老师刚才已经讲了我们的团队精神、团队建设，这些故事其实始于 30 多年前，那是 20 世纪 80 年代初期，我们在北大的时候。

就像小平老师描述的那样，那个时候我还是一个比较土的人，其实在他们心目中我从来没有洋气过。直到今天，他们在任何地方讲话依然把我叫做农民，我的确是有农民的性格和一份农民的踏实。因为我相信，没有我这份农民的性格和农民的踏实，就没有徐小平老师和王强老师在外面调侃和分享的机会。在这个世界上总是需要有些人垫底，有些人被糟蹋，有些人在被糟蹋的身体之上长出美丽的鲜花，徐小平就是在我被糟蹋的身体之上长出来的美丽鲜花。

1965 年 11 月，当时居住中国的美国友人安娜·路易斯·斯特朗女士 80 岁大寿，为给她祝寿，周恩来总理专门在上海展览馆大厅举办了规模盛大的祝寿宴会。在会上，周总理发表了热情洋溢的祝寿词，他是这样开头的："今天，我们为我们的好朋友、美国女作家安娜·路易斯·斯特朗女士庆贺 40 '公岁' 诞辰。" 看到很多与会者对 "40 公岁" 这个名词迷惑不解的样子，他笑着解释说："在中国，'公' 字是紧跟它的量词的两倍。40 千克等于 80 斤，40 公岁就等于 80 岁。" 在场的几百位祝寿者听了这一番话开心地笑起来，斯特朗女士也深受感动，情不自禁地流下了眼泪。

在这个例子中，周恩来总理通过对 "公" 这个字的发挥和活用，巧妙地表达了对寿星的祝贺之意，既别具一格又流露着真诚。这种故意曲解词句的幽默方法是演讲中非常常见的一种方法。大文学家胡适也曾经采用过这种方法。比如，在一次演讲中，胡适先生是这样开头的："我今天来不是向诸君作报告的，我是来 '胡说' 的，因为我姓胡。" 在这里，胡适先生就是通过对胡的含义的曲解赋予了开场白一种不一样的魅力。

这种开场白方法和自嘲式的开场方法非常相似。如胡适先生的这个案例，演讲者将“胡”解释为“胡说”，既是曲解，也是对自己的揶揄，既不伤及他人，又体现了演讲者谦虚、从容的品格，而这种有意无意中显现出来的乐观情绪、幽默感正是自嘲式开场白必不可少的要素。

此外，这种拿自己幽默的方式是通过对自己的揶揄进行的，通常是将自己放在了一个相对较低的位置上，无形中满足了听众的某种优越感，为实现与听众之间的感情沟通打下了坚实的基础。

在全国第四次作家代表大会上，萧军应举办方的邀请上台做一篇演讲，他用了这样的方式开头：“我叫萧军，是一个出土文物。”这样简单的一句话，其中却包含了丰富的感情，有历经艰辛和磨难的辛酸，也有年岁已逝、世事无常的无奈，亦不乏对自己成绩的肯定和自豪，很能够感染听众的情绪。

总之，对于一名演讲者来说，幽默是一种锦上添花的能力。美国作家普里兹文说过：“生活中没有哲学还可以应付过去，但是没有幽默则只有愚蠢的人才能生存。”在演讲中，幽默可以帮助你化解演讲中出现的意外状况，为自己争取到回旋余地；可以帮助你更生动形象地描述你所说的事物，使听众更好地理解你的演讲；尤其是在演讲的开始阶段，不失时机地幽默一下，可以瞬间吸引听众的注意力，让你打开听众的内心，化解听众的抵触情绪。

不过，需要注意的是，在运用幽默式开场白的时候，一定要把握一个原则：对事不对人、谦卑不猥琐。前面说过，幽默是一种智慧，是在尊重他人、尊重自己的基础上寻找一种能够让观众笑的因素，但如果将幽默当成是对某些人甚至是听众人格的某种贬损，最后不仅不能活跃气氛，反而会激怒听众，简直就是一种愚不可及的行为。

此外，再好吃的菜吃得多了也会无味，再好的幽默听得多了也会无趣。所以，在开场白中，一个幽默故事或说法说一次就够了，千万不要重复说。

如果你是通过讲述一个笑话来达到这种效果，千万不要事先告诉听众你的故事很好笑。一方面是因为每个人对同一件事情的理解都是不同的，你认为好笑的事情，其他人未必会觉得好笑；另一方面一旦你告诉听众说“上周我遇到了一件很好笑的事儿”，听众就会产生一种很高的期望，如果你的笑话并没有那么高的笑点，听众就会产生失望情绪。所以，要讲笑话就只管讲，尽可能地做到认真、夸张、诙谐就可以了，至于效果如何就交给听众去感受好了。

用趣味故事做开场白

形象、生动地讲述一个故事，能引起听众的兴趣。但是要遵循以下几个原则：短小、有味、促人深思、与演讲内容有关。

1962 年，82 岁高龄的麦克阿瑟回到母校——西点军校。一草一木，令他眷恋不已，浮想联翩，仿佛又回到了青春时光。在授勋仪式上，他即席发表演讲，他这样开的头：

> 今天早上，我走出旅馆的时候，守门人问道：“将军，你上哪儿去?”一听说我到西点时，他说：“那可是个好地方，您从前去过吗?”

这个故事情节极为简单，叙述也朴实无华，但饱含的感情却是深沉的、丰富的。既说明了西点军校在人们心中非同寻常的地位，从而唤起听众强烈的自豪感，也表达了麦克阿瑟深深的眷恋之情。接着，麦克阿瑟不露痕迹地过渡到“责任—荣誉—国家”这个主题上来，水到渠成，自然妥帖。

李燕杰在《爱情与美》的演讲中这样开场：

“我不是研究爱情的，为什么会想到要讲这么一个题目呢?”然后讲了一个故事：北京一家公司的团委书记再三邀请李老师去演讲，并掏出几张纸，上面列着公司所属工厂一批自杀者的名单，其中大多数是因恋爱问题处理不好而走上绝路的。所以，我觉得很有必要与大家谈谈这方面的问题。”

这个故事一下子把听众的注意力集中起来，使他们感到问题的严重性和紧迫性。

四川第五届文联委员周光宁先生曾经做过一场极为轰动的《救救孩子》的演讲，他是这样开场的：

“《新民晚报》曾经披露了这样一个事实：一个四年级的小学生，每天要带父母亲剥光了蛋壳的鸡蛋到学校吃。有一次，父母忘了给鸡蛋剥壳，差点憋坏了孩子，他对着鸡蛋左瞅右看，不知如何下口。结果只好原蛋带回。母亲问他怎么不吃蛋，他回答说：‘没有缝，我怎么吃!’”

显而易见，周光宁先生通过这个故事向听众展示四年级的小学生不会剥鸡蛋这样一个令人惊讶的现象，告诉了听众一个道理：必须帮助孩子们培养独立生活的能力，轻而易举地将听众引入了自己预先设定好的演讲主题。这种开场方式活泼有趣又能够发人深省，像这样的演讲开场白还有很多。

不过，需要注意的是，在采用讲故事开始演讲的时候，一定要注意细节问题，要将一个故事讲完整，有人物、有细节，虽短小但意味深远，同时与主题相关，千万不要要时间没时间、要人物没有人物、要经过没有经过，不但又臭又长像故事会一样，还离题万里。

一位历史学家在做一场主题为“谈盟国与德国的关系”的演讲时也用了很有启发性的小故事来开始自己的演讲：

> “1945 年，波茨坦会议开始前，温斯顿·丘吉尔首相从伦敦机场登机到波茨坦去参加会议，一位在当时英国社会颇有身份的新闻记者担心地向他提问：‘首相阁下，同盟国在凡尔赛曾经犯过错误，现在，在波茨坦犯同样的错误？’丘吉尔自信地笑着回答道：‘请放心，我们不会再犯同样的错误，不过可能会犯其他的错误。’”

这位演讲者讲述故事的时候时间、地点、人物、经过、对话，样样俱全，可谓是麻雀虽小五脏俱全，极好地切合了演讲主题，勾起了听众们的兴趣。事实上，故事开场白可以用，但一定要用得恰到好处，才能收到应有的效果。如果你只是笼统地说“去年我看到了一件非常好玩的故事”，然后就急匆匆地结束了对这个故事的讲述转而讲述其他问题，试问，你看到了什么事情，在哪里，为什么会发生这件事情，原因、经过、结果是什么，如果不具备这些细节，你的故事对你的演讲来说就没有任何意义。因此，无论何时，你在讲述一个故事的时候都要有细节。

在开场白中制造悬念

创作文章需要设置悬念、演讲也不例外，因为它能使你的听众产生极大的好奇心，并能在这个悬念的“指引”下很快进入“设下的圈套”——在开场白中制造悬念，激起听众的好奇心，从而促使听众尽快进入演讲者的主题框架。

一位演讲者演讲时是这样开头的：

他走上讲台就问“大家谁知道人是从哪里开始老的?”听众愣了一下，反应过来后兴趣也就来了，大家想了想给出了自己的答案，有人认为是从脚开始的，有人认为是从脑子开始的，有人认为是从头发开始的，有人认为是从皮肤开始的……五花八门，什么答案都有。现场的气氛一下子活跃起来，演讲者看达到目的了，抬起手示意大家安静下来，然后笑着说：“我觉得，很多人变老是从屁股开始的。”听众们有的大笑起来，有的面面相觑，不知其所以然。演讲者顿了一下才悠悠然地解释说：“大家想，如果我们不到基层去脚踏实地地调查研究、工作，总是坐在办公室里发号施令，半个身子的重量都压在屁股上，再加上精神压力和凳子摩擦，如此大的劳动量，屁股怎么能不先老呢?”说到这里，演讲者停顿了一下，而听众们已经迫不及待地要听下去了，有人还催促他：“然后呢？然后呢?”

这位演讲者的聪明之处就在于开始讲演讲内容前没有说出所有的信息，而是先制造了一个悬念，吸引了听众们的注意力，接着抛出了另一个悬念，虽然解开了第一个问题的答案，但并没有完全揭开演讲的面纱，有效地控制了听众们的情绪和感情。这样的开场方式无疑是非常成功的。当然，如果你确定自己所说的内容非常重要，对听众非常有好处，你也可以采用只说一次的方法，告诉听众接下来要说的内容很重要但是只说一遍，大家为了不错过也会认真听。

当然制造悬念未必就一定是要说点什么，有时候，你沉默不语或者只是动动嘴皮做出说话的架势，实际上什么也不说，虽然听众并没有接收到什么信息，却也会产生好奇心。

无数的事实证明，每个人都有好奇的天性，一旦发现了某种有趣或有意思的苗头就非得探明究竟不可。对于演讲者来说，利用人的好奇心是很好地引导听众、诱导听众、吸引听众的方法，可以有效地加以运用。

不过，需要注意的是，无论采用的是什么方法，设下悬念后，你所给出的答案一定要是重要的、与听众有关的信息，否则不但不能吸引听众，反而会引起他们的反感，听众会认为你哗众取宠、弄虚作假、不值得相信。尤其是在利用沉默法的时候，一定要注意自己声音的变化，千万不要一开始沉默，然后突然发出刺耳的声音使听众受到惊吓或过度的刺激。

课后实战训练:

如何制造悬念

悬念是能引起听众紧张期待的事物，能不断引起听众问“后来呢”。

1. 怎样制造悬念（步骤）

（1）设悬（引爆），强烈的突发事件，“出事了!”。

（2）放空挡，滑行，自由地往下走，“车速”很快，看上去很急，但编剧心里有数。

（3）注入强化因素，危机渐显。

（4）故意拖延，加干扰、抑制，造紧张感，把戏做够。

（5）释悬，解决悬念，突转，出乎意料。

2. 怎样释放/解决悬念

一定要有一个意料之外（突转）、情理之中（伏笔/误导）的拐点。

3. 注意要素

（1）悬念要能刺激听众的好奇心。

（2）引爆点一定要能引起连锁反应。

（3）未来不可知。

（4）能激发观众的参与性。

（5）让听众感同身受。

4. 与悬念相关的事物/常用的“悬材”

（1）生与死。

（2）成与败。

（3）爱与恨。

（4）身世之谜。

（5）忠诚与背叛。

（6）谎言与真相。

（7）人生的大抉择。

（8）未知世界的探秘。

（9）名利的考验。

第十三章 演讲进行时

随机应变是演讲者必须具备的一种重要能力，是有效控场和取得良好效果的重要方面，它能巧妙地说理传情，增强演讲的感染力。在演讲进行时可以靠自己的应变能力处理各种突发事件。

当听众提不起兴趣时

在许多演讲会上，听众对演讲内容不感兴趣，就会有看报纸杂志的、聊天的、喧闹的、打瞌睡的、望着窗外出神的、看外面热闹的，总之无所不有。这种情形会严重影响听众的听讲效果，同时也会影响演讲者自己的演讲情绪。面对这些问题应该怎么办呢？

1. 尽量缩短演讲时间

遇到会议时间过长，以致听众疲倦或不耐烦时，演讲者不妨精简演讲内容，尽量缩短演讲时间。

有经验的演讲者是这样应变的。

艾森豪威尔任哥伦比亚大学校长时，常常出席宴会并发表演说。在一次宴会上，他排在最后一个发言。由于前面的人演讲都是长篇大论，轮到他发言时，时间已经不早了，听众早就迫不及待地等着就餐了。

艾森豪威尔急听众所急，放弃了原来准备的讲稿，对听众说了以下两句话：“每一篇演讲，不管它写成书面的或其他形式，都应该有标点符号。今天晚上，我就是标点符号中的句号。”说完，他就回到座位上了。

当听众明白他已经演讲完时，对他简短的演讲报以热烈的掌声。

2. 适当活动，防止听众困倦

大家都知道，人在春夏和每天下午，容易出现困倦和打瞌睡的现象。曾经有位演讲者遇到这种情景，他是这样处理的：

当时，他正在台上侃侃而谈，只见一缕初春的阳光从会场后侧的玻璃窗照射进来，照在少数人的背上。这些人的背脊立刻觉得一阵暖和，就不知不觉地昏昏入睡了。最后，这种气氛还传染到了前面的人。

看到这一情景，演讲者暂停了演讲，对听众说：“请诸位抬起头，看看天花板。”

大家以为天花板上真有什么东西，个个都抬起头来看天花板。

“现在再看一看左边。”大家果然又向左边张望。

“那么诸位不妨看一看右边……好了，这就是头部运动。疲倦的时候，不妨做做头部运动。如仍觉疲倦，也可以做做体操。现在，请诸位举起手来。”大家便跟着他举起了手……

这一方法果然奏效，听众做了上述活动之后，不再困倦了，又开始专心听他演讲了。

提醒注意一点，要使听众保持良好的精神状态，演讲者自己首先要具有良好的精神状态，这是至关重要的。

3. 制造声响，唤醒听众

听众们或是已经睡着了，或是处于半昏睡状态，或是一片茫然，你可以做一些立即奏效的事情，将听众从昏睡状态中惊醒。你的行动必须声音要大。考虑这些提示：用拳头敲击讲台桌；发出吼叫声；将你的稿子扔到地板上……

任何一种行为都能叫醒听众。但是这只是一个诡计，你需要将这些动作联系到你的演讲当中去，这样它们才能奏效。否则，这看起来好像你只是想要叫醒听众。

例如，你用拳头敲讲台桌（要在靠近麦克风的位置，这样听起来会更吵一些），然后你要把它联系到你所讲的内容中去："这就是他们用头撞击墙的声音，因为他们对前途感到绝望。"或者说："这就是我在参加应聘面试时心跳的声音。"又或者说："这就是我为了节省 150 元，去那些路边修理厂之后，我的汽车发出的声音。"

4. 将自己的热情传递出去

用热情去感染听众，紧抓听众注意力，使听众进入情境，将注意力转化为兴趣，根据所选择的听众调整演讲，这些都是使听众乐于接受的方式。

要是演讲人在介绍自己的观念时可以更加感性，并将自己真挚的热忱传递给听众，大多数情况下是不会引起反对看法的。这种热忱会将一切否定或对立的观念扫至一空。要是你的目标是说服听众，一般来说，调动大家的情绪要比引发思考更加有用。情绪要比冷静的思维更具权威性。要想将听众的情绪充分调动起来，演讲者必须将自己的热情传递给听众。不管演讲者的演讲是否虚构，不管演讲者演讲的内容是否东拼西凑，不管演讲者的声音和手势是否运用得当，只要演讲者讲得足够真诚，演讲者就很有可能会带给听众一个好的印象。

演讲者开口说话，目的便是说服对方，那么，演讲者的所有表现都会影响对方的态度。要是演讲者表现得不起劲，那么听众自然不会为之所动；要是演讲者的态度随便或不够包容，那么听众同样如此。

5. 巧用兴奋语言提高刺激强度

演讲者要善于使用兴奋语言来满足听众的好奇心理，寻找到听众的兴奋点，抬高演讲刺激的强度，加大演讲语言的强度，并且敢于突破创新，这样的演讲必然会是成功的演讲。找到听众的兴奋点是成功演讲进行的重要保证，也是最能唤起听众共鸣的诀窍。

心理学研究证明，人们记住的往往是那些对自己有利的、对自己有重大影响的、自己主观愿意记住的或给予自己很大刺激的事情。听众对演讲反应的如何，换句话说演讲对听众兴奋程度的影响，在一定程度上，完全取决于演讲语言的强度。演讲语言的强度主要取决于演讲者对事物的感悟程度、对演讲内容的熟知程度、对问题分析的通透程度以及现实立场的鲜明程度。演讲者要尽可能努力将问题看得准确、透彻、鲜明，始终带给听众一种压力感以及责任感。

6. 融合——建立心灵的桥梁

喜欢炫耀、习惯于卖弄、总是以自我为中心的演讲者必然得不到听众的认可。想要博取听众的好感，再有名望的人也不可以趾高气扬、居高临下。唯有建立心灵的桥梁，才能和听众融为一体。

著名作家老舍在一次演讲中是这样说的：“听了同志们的发言，得到很大好处，可惜前两次没来，损失不小……今天来的都是专家，我很怕说话，只好乱谈吧。”

如此“抑己扬人”的开场白，如此谦逊坦诚的口吻，一下子拉近了演讲者与听众之间的距离，消除了听众对一位名人可能产生的敬畏心理。另外，老舍说自己是“乱谈”，也就表明自己不是居高临下作演讲，而是平等地和大家交流意见罢了，这样平易近人的演讲，自然能获取听众的好感。

当忽然忘记所要说的内容时

人的记忆有限，特别是在演讲时因为主观或者客观因素的影响，更容易出现问题，导致忘词的情况发生。所以演讲者不仅要熟悉演讲稿，还要有沉稳的心理状态，把有限的记忆进行灵活分配，这样才能在忘词发生后找到有效的应对方法。

在演讲的时候，忘词是普遍存在的问题。许多演讲者对于忘词都有些恐惧，为了避免出现这种情况，演讲之前都会把演讲词背得滚瓜烂熟。这是一个办法，但是演讲不是背诵，不是记得滚瓜烂熟就可以了，如果只是背诵是不会达到自然的演讲状态的。死记硬背的演讲词，如果出现忘词，补救将变得更加困难。

忘词一般有两种情况：第一种是忘记一个词、一句话，于是出现停顿，想不起来接下来要讲的内容。第二种是忘记一段话，或者几段内容。无论是哪种情况，都不能着急、慌乱，要聚精会神，争取在几秒钟之内想起来，在这过程中，要照顾到听众的情绪，不要让他们以为你忘词。如果想不起来，可以先讲后面的内容，然后再慢慢地想你所忘记的内容或者干脆自由发挥，但一定要紧扣主题，不可东拉西扯。

演讲者如果出现类似失误，完全可以灵活应对，不要局限在特定的词语或者句子上，演讲的内容是灵活的，不是照本宣读。只要不局限自己的思维，忘词也可以应对自如。

美国前阿拉斯加州女州长莎拉·佩林在田纳西州首府纳什维尔举行的集会中就出现了忘词的情况。当时她在演讲中还不忘公开讽刺美国总统奥巴马演讲时频繁使用电子提词机，嘲笑奥巴马的记性不好。可是她的记忆力也只属于泛泛之辈，她不忘词的方法还是相当原始的——直接写在手心上。

她讥讽地说道："美国人民的利益才是最关键的，因此我们需要一场新的革命……而不是个爱用电子提词机的有魅力的家伙。"

但是最讽刺的并不是这里，而是在稍后回答观众提问时，她就表现十分"突出"。这种听众提问都是事先知道观众要问的问题并且已经准备好了答案，但佩林却粗心地被摄像机拍到偷瞄左手心上写的几个回答要点。后来摄像机把画面拉近，能清楚地看见佩林在手掌上写着"能源""削减预算""税收"等，一共有 7 个英文单词。

佩林在忘词后，偷偷瞄一眼手中的单词时，还笨拙地弄弄话筒，用来糊弄听众。刚刚还神气活现地讽刺奥巴马记性比较差的人，如今却连 7 个单词都记不住，采访一出，佩林很快成了不少美国网民的笑料。甚至还有网友调侃地说，要是佩林下次又被 CBS"毒舌"主持人凯蒂·库里克问平时喜欢读什么，上次讲不出来一本书名的她现在就可以坦然地回答："我的手。"

在演讲中忘词就连美国总统奥巴马和前州长佩林都不可避免，那么普通的演讲者就更是如此了。但是佩林忘词后的应对方式，不免有些太过拙劣，这是不可取的方法。演讲时忘词是很多演讲者经常会遇到的情况。哪怕演讲者准备得非常充分，但是由于众多原因所致，在演讲过程中仍会出现忘词的现象。

当不小心口误说错话时

口误人人有，就看你如何补救。高明的演讲人，能够将口误大事化小，小事化了。蹩脚的演讲人，则可能被一个口误搞得自己下不了台。

在你的演讲中，如果有口误出现，不要着急，可以试试以下办法。

1. “栽赃”法

这个方法看上去有“陷害”的意思，似乎很不厚道。其实不然，让我们来看张经理是如何巧妙“栽赃”的。

> 在晨会上，谈到业务人员外出“扫楼”（指一家一家挨个陌生拜访）时的怨言，张经理说：“‘扫楼’是在浪费精力。”说完后突然发现自己讲错了，怎么办？他一点也不慌张，继续说：“很多人都持有这样的观点，包括在网上，我也看到很多类似的说法。但事实上，‘扫楼’不仅是很多公司开发新客户的一个有效手段，也是锻炼业务人员察言观色，提升口才以及提高心理素质的一个秘诀。很多著名的业务大师，就是从‘扫楼’中成长起来的。”

他一句“很多人……”就将自己的口误轻易地遮掩过去了。在这一次转换中，张经理“栽赃”了“很多人”。但他的“栽赃”并没有得罪人，因为他没有说自己的员工，也没有点名批评某个人，而是用大而化之的“有些人”或“网上”之类的不确定称谓来替代。

2. 将错就错

这种方法就是在错话出口之后，能巧妙地将错话接续下去，最后达到纠错的目的。其高妙之处在于，能够不动声色地改变说话的情境，使听者不由自主地转移原先的思路，不自觉地顺着演讲者的思路而思考。

一次，纪晓岚称皇上为“老头子”，不巧被皇上听到，龙颜大怒。纪晓岚急中生智，说：“皇上万岁，谓之‘老’；贵为至尊，谓之‘头’；上天之子，谓之‘子’。”皇上听了，转怒为喜。

纪晓岚将错就错令人叫绝。错话出口，索性顺着错处接下去，反倒巧妙地改换了语境，使原本轻慢的失语化作了尊敬的称呼，颇有些点石成金之妙。

3. 借题发挥

话说民国时期，一个军阀有一次闲来无事，便召集手下文僚训话，他将“文墨之士”说成了“文黑之士”，立即引起台下一片讪笑之声。他身后的秘书小声提醒他：“黑字下面有个土念墨，是‘文墨之士’。”他墨叽了一下说：“难道我不知道你们是‘文墨之士’吗？我是嫌弃你们太土了，故意去掉这个土字，希望你们大家都要当有气派的文墨之士。”这个军阀不懂“墨”字，却巧善辞令，一句话将自己的失言解释得光明正大，听起来也像是言之有理。

著名相声演员马季有次去湖北黄石市演出。在表演之前，有位演员错将“黄石市”念成了“黄石县”，引起了观众的嘲笑。到了马季登台表演时，他张口便说：“今天，我们有幸来到黄石省演出……”这回听众不笑了，而是一阵窃窃私语，不明所以，都不明白他为什么也会犯错。

这时，马季才解释道：“方才，我们的一位演员将黄石市说成县，降了一级。我在这里当然要将之说成省，稍微提上一级。这样一降一提，哈！就平啦！”几句话博得了全场的喝彩声和笑声。马季用机智巧妙的话语圆了场，使演出能够顺利进行。

4. 直接纠正

一旦口误，不必当众声明，也不必当众道歉，只需按正确的讲法重讲一遍即可。如此补救，既不乏实事求是之意，又不失演讲者的体面。某人在台上这么说："在 2006 年的北京奥运会上。"显然，应该是"2008 年"而非"2006 年"，在意识到口误后，演说者紧接着予以了纠正："在 2008 年的北京奥运会上……"这两句话一前一后紧紧相连，如果出现在书面文章中，确实令人啼笑皆非。但在演讲中，一般不会有人因此大惊小怪，因为演讲毕竟是口传之事，只要及时纠正了口误，就可以得到听众的理解和原谅。

5. 顾左右而言他

某校某班在一次高考中，数学和外语成绩突出，名列前茅。校长在评功总结会上这样说："数学考得好，是老师教得好；外语考得好，是学生基础好。"

在座老师听罢沸沸扬扬，都认为校长的说法有失公正。李老师起身反驳："同一个班，师生条件基本相同。相同的条件产生了相同的结果，原是很自然的事，不公平的对待，实在令人费解。原有的基础与尔后的提高有相互联系，不能设想学生某一学科基础差而能提高得快，也不能设想学生某一学科基础好而不需要良好的教学就能提高。校长对待教师的劳动不一视同仁将不利于团结，不能调动广大教师的积极性。"

会场有人轻轻鼓掌，然后是一阵静默。而静默似乎比掌声对校长更有挑战意味。校长没有恼怒，反而"嘿嘿"地笑起来，他没有回应老师的话，而是扯开话题说："大家都看到了吧，李老师能言善辩，真是好口才。很好，很好！"

校长在众人面前说错了话，而一个不"识趣"的老师偏偏要揪校长的小辫子，这令校长相当失脸面。如果校长与那个老师去争论对错，或是大声批评老师“没大没小”，一定会有失他校长的身份。但校长是聪明的，他故意扯开话题，令他避免了一次尴尬。

总结和研究口误的补救方法，是演讲艺术活动的客观要求。不言而喻，上述方法也只是提供了一个解决问题的基本思路，而不是医治百病的灵丹妙药和一成不变的僵化模式。在具体的演讲实践中，只要头脑清醒、观察敏锐、判断正确、处理及时和方法灵活，演讲者就可以成功地从口误的窘境中摆脱出来。

当演讲时间超出预计时长时

总会有这样的演讲者：是因为说得尽兴而忘了时间也好，是因为演讲内容安排得太多以至于时间到了却说不完也好，或者是因为缺少时间观念、演讲内容拖拖踏踏也好，但问题是，如果你是听众，你愿意听一个演讲者站在台上滔滔不绝地说了两个小时还没有一丝要结束的迹象吗？你会在整场会议的最后一场演讲中热切地盼望演讲者说得久一点、再久一点吗？你会心甘情愿地在晚上10点以后一边打哈欠一边听演讲者没有边际、没完没了地讲一些毫无意义的废话吗？

很显然，没有人愿意听拖沓无味、时间过长的演讲。再精彩的演讲，只要超过一个小时就是对听众耐心的极大考验，更不要说两个小时、三个小时了，那简直就像让旅客站十个小时旅行的火车站票一样讨人厌。在这个快节奏的时代，如果不能根据听众的反应和具体需要灵活安排演讲时间，你将会遭到听众的反感和排斥。

某公司经理需要开一场工作成绩总结大会，在会上，很多领导都做了发言，轮到他的时候，时间已经过去了3个小时。当时已经是中午12点，大家饥肠辘辘，盼着赶紧结束会议。他没有顾忌这些，而是镇定地站起来，从公司的工作秩序讲到工作效率问题；从生产问题说到销售人员的过失问题；从合作问题说到客户开发问题，整整讲了一个小时还没有结束的迹象，似乎要将公司从一颗螺丝帽讲到前景规划问题。慢慢的，很多人开始不耐烦起来，有人甚至以上卫生间为由离开会议室。最后，上司忍无可忍打断了他的话："今天就这样吧，李经理说得很好，不过时间不早了，散会了。"

这位经理就是这样一点点地将听众的耐心消耗殆尽，进而引起对方的反感的。事实上，短小精悍就是一切优秀演讲的必备要素。美国一名议员在评论克林顿于1999年做的长达77分钟的联邦报告时说："我确信，总有一天，会有一位总统只用不到20分钟的时间就能宣读完他的计划，不管他是民主党人还是共和党人，我都会支持他。"英国首批飞行员之一布拉巴宗勋爵也说过："如果你不能将内容在20分钟内说完，你应该离开演讲现场，回去写一本关于内容的书。"一句话，你要控制自己的演讲时间，除非必要，否则不要做超过20分钟的演讲。

林肯一生中进行了无数的演讲，很多都被记载在史册上，但他最成功的演讲却不是那些长长的演讲，而是一场不到三分钟的演讲，那就是他为了纪念一次战役胜利和庆祝国家烈士公墓的建成而在盖茨堡进行的演讲。这次演讲前后不过10句话，记者都来不及拍照。但就是这不到三分钟的时间，他表述严谨，意义深刻，明确地提出了"民有、民治、民享"的资产阶级民主革命思想，极大地鼓舞了在场的听众。

事实上，不仅林肯的演讲，那些成功的演讲大多都是非常简短的，马丁·路德·金的为世人所传扬的著名演讲《我有一个梦想》也不过

16 分钟；富兰克林·罗斯福于珍珠港事件后向国人所做的演讲 7 分钟。无数的事实证明，一场演讲成功与否，是否拥有震慑人心的魅力，其关键不在于你说了多长的时间，而在于你说的内容是否足够精彩。

也许你会辩解说：“我也不想讲那么多，但是日程已经安排好了，我必须讲 30 分钟，如果我擅自缩短时间，整个会议安排就会被打乱，我付不起这个责任。”当然，我们必须承认，很多时候的确是这样的情况，主办人会邀请你：“请问您可以在 9：30 到 11 点这个时间里做一场一个半小时的演讲吗?”他们希望你将这一个半小时填满。但问题是，听众并不会买你的账，他们的接受能力通常很有限，时间越长，他们的接受能力和接受意愿下降得就越快。你能做的就是适当地压缩篇幅，说该说的，少说可以不说的，不说没用的信息，在他们还有兴趣和耐心的时候去演讲。所以，当对方要求你做这种“填空题”的时候，你首先要想一想，自己可以做些什么，哪些不必要做，哪些可以大力地说。

很多时候，如果对方要求你做一场 40 分钟的演讲，并不需要老老实实地不停地说，直到将每一个时间都填得满满当当的。比如，在这一个小时里，你可以用一分钟来做一个有趣的自我介绍，然后说一个 3 分钟的幽默的开场白，一来可以活跃一下气氛，让听众放松下来，二来也可以给听众留下深刻的印象；接着用 5 分钟阐述你的观点；用 15 分钟讲述一些亲身经历的听众也感兴趣的故事来佐证观点；用 15 分钟和听众进行回答互动活动，一方面可以将听众拉入到你的演讲中来，另一方面也可以帮助你更有条理地进行演讲；用 2 分钟来总结演讲要点，并结束演讲。总之，你要把握好演讲时间，牢牢地抓住演讲的主动权，同时调动起听众的参与兴趣，不要只做一个被动的，填充空余时间的，不受欢迎的人。

如果发现自己的演讲时间太长，总是超出了预定的时间，可以采用下面这些方法来解决这个问题。

（1）检查自己的证据和例子，不要反复重申同样的内容。把一些内容留在问答或讨论时用。

（2）取消较长的故事、笑话、叙述等，除非它们对演讲主题至关重要。

（3）考虑把某个要点全部取消。相应的调整自己的主题。

（4）例子的描述不要太过详细。不要讲述整个故事的来龙去脉，只需包括所有关键要素的大概情况即可。

（5）考虑用演讲以外的其他方式来解说技术和细节，如分发资料或使用视觉道具。

（6）修饰和简化语言以及措辞，说话要深入浅出。

如果你发现自己的演讲时间太短，总是达不到预定时间，可以从下面几个方面考虑改进。

（1）检查是否存在着一些重要看法没有充分发挥。

（2）检查自己的措辞是否过于简短。口语的语速比较快，所以要进行重复和修饰，还要加入各种说明，使每位听众完全把握你的意思以及你希望传达的重点。

（3）一定要保证你为自己的所有要点都配备了充分的证明材料。再次检查你的论据，确保你的论点都有根有据或者没有跳过某些逻辑证明的步骤。

（4）你在图书馆查找资料的工作可能做得不够。你是否确实查阅了相当多的资料？

（5）不用太过担心，在大部分情况下，如果你只用了 15 分钟就讲完了本来打算讲 20 分钟的内容，没有人会感到格外沮丧。但是，如果你用了40分钟才讲完本来打算讲20分钟的内容，那么其他人的时间安排可能就完全被打乱了。

面对刁难要懂得从容应对

在面对刁难者时，我们不要沉默对待，应该及时反击，但一定要注意反击的方法。机智、迅速并且温和含蓄，才能不失了风度，不影响整个演讲的水准，才是最好的反击方式。

在演讲当中，特别是个人性质的演讲，有时候常会碰到一些刻意刁难的人。在这样的情况下，应对方式就显得极其重要了，千万不要置之不理，也不应当坚决地给以反击，这种应对方法反而会让刁难的人乘势而上。在有的场合下你无法不予理睬就能解决，反击是必要的；但是反击必须得当，正在演讲当中的你若是大声斥责是有失风度的，更容易造成不好的影响。

那么如何反击刁难者？正确的反击成为反映一个人的机敏与智慧最好的体现。在演讲中反击刁难者，首先就必须要机智而简洁，长篇大论的辩解只会让人认为你在狡辩，而一本正经的斥责，也根本起不到应有的作用，这样的反击反而还不如沉默。

有“台湾文坛第一狂人、斗士”之称的李敖就是一个应对刁难的高手，他是一个心智敏锐、思维迅捷、出言犀利的人。他在曾经主持的电视谈话性节目《李敖笑傲江湖》中有出色的表现，曾一度被认为是博学、勇气、口才三结合的人才，因而风靡全台湾，收视率更是一再创新高，成为收视榜首，李敖也因此成为台湾第一位“名嘴”。

李敖的演讲也因犀利的言论，敢说敢“骂”且会说会“骂”而受到众人追捧，在演讲现场经常是人山人海，座无虚席。听众中，许多人慕名而来，只为了一睹李敖的容颜，一闻李敖的犀利言语。除了这些慕名前来的人以外，也有不少对李敖怀恨在心的人掺杂其中，于是，在他演讲的过程中，经常会遭到他人的刁难。但值得一提的是，李敖每次都能以他广博的见识、敏锐的思维、迅捷的反应和机巧犀利的言语“逢凶化吉”。

有一次，李敖在演讲完后进入与听众的沟通环节。面对听众的不断提问，李敖是有问必答，以圆满解答观众的疑惑为目的，并且答得是相当巧妙。正在他悉心解答时，突然一张纸条跃入眼帘，上面赫然写着“王八蛋”三字，换作常人早就气愤不已了。李敖见了字条，没有缄口不言，也没有反唇相讥，反而是不惊不诧，不慌不乱地将纸条的内容高高举起，纸条面向听众，让听众能够看得清清楚楚，在大家都有些气愤时，李敖反而笑道：“你们看，其他人都是向我问问题，很少有签名的，而这位听众只签了名，忘了问问题了。”话音刚落，现场响起一片热烈的掌声和嬉笑声。

现场的听众对李敖“以其人之道，还治其人之身”，且又还击于文雅之中的应对技巧拍手叫好，反而让刁难者无地自容。要想巧妙地反击刁难者，语言就一定要简洁有力。而巧妙回答的技巧就是要有效、得体、出色和及时，要简洁明了，不拖沓，要明确对方刁难的意图，这样才能有效地反击对方。

有些情况是面对对方的刁难不便直接回答，这时候就可以采用各种修辞来回答，做到语言含蓄，处理手段委婉有力，不失幽默和风度，这样既能达到反击目的，又能防止矛盾激化。

演讲时的听众一般来说都很多，所以难免会有恶意的刁难者夹杂在其中，故意提出一些带歧视、敌视性的问题来打压演讲者，影响演讲者在听众心目中形象。对待这些刁难者，演讲者要毫不客气地给予回击，不能像对待善意的质疑者那样温和有礼。演讲者可以采用顺水推舟等策略来进行回击。

王耀西是一位博学多才、足智多谋、富有幽默感的人。他是公司的公关经理，经常应对各色人等，他用幽默一次次巧解困境，化险为夷，深受众人的敬佩。

一次，王耀西接待了一位美国公司的工程师，一看对方就不怀好意，只见那美国人问道："你们中国人这样矮小，能不能做好我们的项目，我觉得还有待观察。"他听后没有急于反驳，而是巧妙地回答："我们虽然身材比不上你们美国人，但是俗话说浓缩才是精华，我相信我们一定能在这个项目中有出色表现。"

对方见没有得逞，于是又问："王经理，不是说你们国家的人都想拿到美国绿卡，以此抛家弃国吗?"王耀西并没有被气愤蒙蔽了理智，而是温和地微笑道："这个问题其实很简单嘛，没有你说得那么严重，人往高处走这是常态，但并不是抛家弃国，很多人也是想得到完善自己的机会，提高生活质量，您能告诉我说，你们国家就没有民众搬到别的国家的吗?"简单几句话语，就让那位美国人哑口无言。

这位美国人的用心是非常明显的，王耀西一眼就看穿了他的伎俩，通过这样的回答既打破了他贬低国人的用心，也以此证明了国人的优秀。王耀西的心思缜密，反应迅速灵敏，不愧为杰出的公关经理。

那么，在演讲中遇到刁难时，需要注意什么呢？可以参考下面几点。

1. 控制情绪

在面对刁难时，首先要注意的是控制自己的情绪。有的刁难也许很过分，甚至涉及人身攻击，这时候站在演讲台上的你，如果大声呵斥，或者选择与刁难者对峙，都是会影响到你自身的声誉和人格的。所以，在面对刁难时，先要冷静下来，才能仔细思考应对方法。

2. 根据对方的目的选择应对方法

先要思考清楚对方的目的，然后再选择适当的应对方法。但要注意的是，言辞要含蓄委婉，不可太过针锋相对，否则容易造成不好的影响。

总而言之，无论刁难者是故意还是无意，只有掌握好了正确的方式，才能在优雅且不失风度的前提下，将刁难顺利解决，把演讲推入另一个高潮，能够成功塑造自己的形象，彰显自己的睿智。

如何处理现场听众蓄意挑衅

在演讲开始前，每一个演讲者都希望演讲能顺顺利利、一帆风顺。但事实上，不是每一个听众都会安安静静地听你演讲。有时候，部分听众会做出一些蓄意干扰甚至是挑衅的行为，如交头接耳、大声喧哗、结伙提前离场、故意捣乱等。在这样的情况下，演讲新手很容易乱了阵脚，但只要掌握一定的方法，你也可以有效地处理这些问题。

1. 强调利益

利益永远是最能打动人的东西，如果有听众交头接耳，你就可以强调信息的重要性，然后将重要的内容提前说。如“下面这个问题非常重要，但因为时间问题，我只能说一遍，大家一定要记下来，如果没有带笔的话可以向同伴借一下”。

2. 施加压力

你需要记住的一点是：在演讲中你永远是占有主动权的一方，是强势者，是有话语权的人，你可以制止听众、说服听众，而听众则不具备这方面的优势，只能被动接受。所以从一开始，听众就不具备和你较量的同等力量。如果听众大声喧哗、故意捣乱，你可以采用沉默法，不需要说话，只需要沉默而专注地看着捣乱者。沉默历来就是一种施加压力的好方法，从你的沉默中散发出来的是强大的气场，足以让捣乱者安静下来。

一位演讲者在演讲的时候，刚说到一半，下面就有人吹起口哨来，捣乱者一吹口哨，其他人也扭头看着他。演讲者不动声色地从讲台上走下来，走到捣乱者身边，严肃而安静地看着那名听众，一句话也不说，足足有一分钟。最后，那名听众尴尬地低下头。然后，演讲者边朝讲台走边笑着解释说："抱歉，本来打算说一件很重要的事情，只是刚才发生了一点儿小意外，让大家迟一点儿能听到这件事。不过没关系，现在我会说说这件事。"后来，一直到演讲结束，再也没有出现这种情况。

3. 请他们离开

对于恶意闹场或结伙提前离场者，你只需要礼貌地请他们离开即可，不必大动干戈地要平息事态。

4. 对提问者要区别对待

对于那些刻意提问的人，你要分清楚问题的实质。因为不是所有的提问者都是存心为难你，有的提问是真心请教，有的提问是试探演讲者的水平，有的提问是故意刁难。对此，你一方面要做好充分的准备，事先预料一下听众可能提到的问题，并设置好答案。另一方面要摸清提问者的意图和目的，回答问题才能有的放矢。对于那些名为提问，实则故意为难或刻意攻击你的人就要坚决回击，但一定更要注意方式，千万不要硬碰硬，以免为自己树敌。

有一次，伟大的生物学家达尔文受邀在很多听众面前针对《进化论》作一场报告。他刚刚做完报告，一位漂亮年轻的女子就提出了自己的疑问："按照你的进化论，人类是由猴子变来的，如果把这理论用到你自己身上还是很不错的，但是难道我也在你的论断之列吗？"

达尔文看了一眼听众彬彬有礼地说："那当然了，只是您不是由普通的猴子进化来的，而是由一只长得相当漂亮的猴子变来的。"

在这个对答中，达尔文用戏谑的方式处理了听众的挑衅，又颇符和自己的演讲主题，可谓一举两得。

此外，对于那些无关紧要的问题如有极少数听众对你的演讲的细节问题提出质疑，你只需要用一两句话回答后继续演讲就可以，如果听众继续纠缠，你就可以告诉他为了不耽误其他听众的时间，欢迎他演讲结束后和你细细探讨。相信迫于大家的时间这个压力，对方一般是不会再纠缠不休的。当然，如果开始演讲前能够和听众定下君子协定，让他们知道哪些事情你乐意当场和他们探讨，哪些要私下联系，你就会避免一些不必要的麻烦。

机智应对各种提问

在演讲中，对听众的问题回答得是否精彩，对于演讲有非常重要的作用。一场平淡的演讲，如果听众答疑做得好，也可以让整个演讲给人留下很好的印象。反之，即使你之前的演讲很出色，但你在答疑时表现不佳，也可能会将整场演讲的良好印象破坏。

1. **解决那些貌似很难的问题的方法**

（1）设定条件。

对方提问的内容，有时可能很模糊，有时可能很荒诞，甚至很愚蠢，以致使人很难回答。这时，我们可以在分析清楚对方意图的前提下，用设定条件的方法。

举一例子：

传说，有一天，国王指着一条河向阿凡提问道："阿凡提，你知道这条河的水有多少桶吗？"阿凡提答道："要是桶有河那么大，那只有一桶水；要是这个桶有河的一半大，那么便有两桶水……"阿凡提的回答非常巧妙。因为这个问题本身很怪，国王故意想难倒阿凡提，他没法直接回答，只好先设一个条件，然后说结果。条件不同，结果也自然不一样了。

还有一个例子：

问："今天有一只黑猫跟着我，这是不是凶兆？"

答："那要看你是人还是老鼠。"

前者的问话非常无知，回答时不可能给他详细的解释。假定一个条件，其结果不言而喻，而且还幽默地嘲讽了问话者的愚昧。

（2）反问。

一些听众会问一些令你尴尬的问题。不好回答时可以反问他。例如一个提问者做出一个很不耐烦的表情，然后问："我们的工资为什么那么低？"不要采取不回答的措施，只要回答："你希望工资是多少呢？"便化解了。

（3）巧借前提。

巧妙地借用对方的问话，在回答时也可以收到良好效果。其中仿照与借用问话中的情态和词语，演变出一种使人意外的应答，是一种比较理想的方法。

在1972年5月，维也纳的一次记者招待会上，《纽约时报》记者马克思·弗克兰尔向基辛格提出美苏会谈的程序问题："届时，你是打算点点滴滴地宣布呢？还是来个倾盆大雨，成批地发协定呢？"基辛格停顿一会儿，一字一顿地答道："我们打算点点滴滴地发表成批声明。"会场顿时爆发出一阵笑声。

基辛格巧妙地利用对方的问话，仿照问话的词句以及情态，运用幽默风趣的话语回答了记者的提问，值得我们借鉴。

（4）建立过渡桥梁。

一个政治家是这样回答问题的："蓝斯顿议员，你打算提议反对加税吗？""好的，这位先生，你想要知道我是否要提议反对加税。你真正的问题是：我们是怎样为更多的美国人民兜里面赢得更多的钱？让我告诉你我对于复苏经济的12步计划……"

蓝斯顿议员建立了过渡桥梁，一句话让他从他想要避免的问题过渡到他想要阐述的论题。运用过渡桥梁要注意的是：可用它绕开你不喜欢的问题，但不要完全回避它，可以适当提一下。

（5）把不相关的问题列举出来，巧妙回答。

这种方法通常用在三四个问题同时被问时，而且它们在互不相关的情况下。一般的演讲者可能会因为试图表现得广博而统统接纳问题，他们会说："我先回答第三个问题，再回答第一个问题，最后回答第二个问题。"这样的话语会使听众很不舒服，同时如果演讲者一时忘记了其中某个问题是什么，或者搞乱了回答顺序，那么他会显得很狼狈。

其实，应付这种情况有一个简单的技巧。你可以对提问者说：“我已经明白了你的问题，不过希望你能一次问一个问题。”这时提问者可能会记不清他的所有问题，只挑他认为重要的问。你可以回答完问题后，立即将注意力转移到别人那里去。

（6）否定不存在的问题。

假如太阳从西边出来怎么办？假如猪长了翅膀如何圈养？这些假设性的问题完全没有实际意义。你没有必要陷入这些假设问题的沼泽中去，还有更多实际的事情需要你考虑和担心。一般来说，不会有人问这样极端的问题，如果真的有人问了这类问题，你可以马上就给予否定：“我认为这种情况不会发生，如果大家没有意见的话，我们跳过这个问题。”然后把提问的机会交给下一个听众。

2. 有三种听众提问你一定要当心

（1）想借机表现自己的人。

这类人并没有真正想要问你的问题，而只是想乘此机会在大家面前表现一番。碰上这类有表现欲的听众，你要果断而适时地插话，以结束他的“演讲”。你可以为他的意见做一个没有实质意义的总结，如“谢谢你告诉大家你的见解”，然后将眼神转到其他听众，以避免他滔滔不绝地发言。或者中途打断，要求他直接提出要问的问题，掌握主导权。

（2）希望与你长谈的人。

这种人开始也许确实有问题要问，但是你做出回答后，他还是不愿意罢手。对待这种情况的最好办法是果断地结束谈话，但是要对他或她表示称赞或发出邀请。比如，“谢谢你，你给了我很有意思的启发。也许散会后你可以抽时间找我，我们再谈一谈。”

（3）想寻衅滋事的人。

听众愿意听到一些理智的异议、探究或者是质疑，但是他们有时也会欢迎有人提出敌意的问题。有时候发问者会变得咄咄逼人甚至气势汹汹，对演讲者进行个人攻击。显然他们不是为了寻找问题的答案，而是企图破坏你的声誉。对此，你不要勃然大怒，如果就别人的羞辱为自己辩护，这样会正中他们的下怀。你应该挑出这个人恶言相向的核心内容，解释清楚问题的实质，镇定而理智地回答他的问题。

简而言之，要像外交官那样气度沉稳地对待这些破坏会场秩序的人。记住，他们与起哄者不同，他们是受邀前来听你的演讲的。不要出言不逊或者直接嘲讽他们。同样，如果他们提出的是一些无知或荒谬的问题，你也应该耐心作答。不要给他们难堪或者直接指出他们的错误。

3. 在面对演讲提问时，也要注意以下几点

（1）对别人的问题，你需要给予足够的重视。

对你的提问者给予足够的重视，是非常重要的，许多人在提问时会遇到一些困难，比如他们不可能把想问的问题表达得非常清楚，他们也不可能花很多时间去完善自己的问题。所以，看看你的提问者是否存在这方面的困难，如果是这样，点头鼓励他们，让他们觉得你已明白了他们尽力要问的问题。

提问者脸上的表情能够向你暗示提问意图。许多情况下，一个善意的问题和一个恶意的问题具有相同的表现形式，但是提问者脸部的表情会告诉你其中的区别。如果你不看，你就不会明白，如果你不明白，你就会遇到麻烦。

许多演讲者在回答提问时，不是看天花板就是看着地，这对提问者是很不礼貌的，同时也损坏了自己的公众形象。

（2）如果你不明白他（她）的提问，请提问者重复它。

有时，提问者的问题很含糊，这就需要演讲者去弄明白它。“你的意思是……不，或许你的意思是……”“你尽力想说明的是什么……”诸如此类的话语，只会使你更加被动，听众也会因此变得不耐烦，所以千万别和你的提问者商量。如果你不明白他（她）的问题，请让提问者再重复一遍，或许你会发现问题已变得明了清晰。

最糟糕的是提问者重复了，你依然不明白所问的问题，那么就请提问者就他（她）的问题举一个例子，提问者通常会给你一个相似的例子，使你明白他（她）所关心的问题的中心内容。

（3）如果你不知道问题的答案，千万别乱猜。

有许多人在某些方面不懂却硬要去回答问题，结果使他们自己陷入麻烦的境地。如果你真的不知道问题的答案，你可以说：“对不起，我刚好在这方面没有准备，但是我非常乐意为你去查找答案。”这样的回答，当然要比去猜更好一些。如果你去猜了而又猜错了，所引发的不良后果只好由你去承担。还有一点需要注意，如果你要告诉你的听众一些信息，首先你必须确信所给的信息是你亲身经历过的，否则就会影响你个人的信誉。当你很有把握地告诉听众某些信息时，而到头来却被听众发现这只不过是你自己的感受和推测，并非实际的东西，听众会有一种受骗的感觉。所以如果你拿不准，你可以说“我非常乐意和你共同探讨这个问题”，而不是说“我非常高兴地把这个信息告诉你”。

（4）抓住问题的实质。

这是回答问题最常用的技巧。有些提问者会问你一堆看似无关的问题，这些问题的答案或许只是几个字，但实质上提问者是想用这一连串的问题将你引向他的结论。如果遇到这种情况，通常可用两种方法处理。

如果你不知道提问者将把你引向何处，不妨直接问他。你可以这样说：“你通过一系列的问题究竟是想问什么，我认为为了节约广大听众的宝贵时间，请你直接告诉我你想问的问题。”这样可以把提问者在发难之前截住，使他中途出局。

如果你知道提问者所问问题的实质，你可以用肯定的语气强调：“我认为你想问的是……”这样，你就可以将问题用自己的言语进行简化，用自己的方式来回答。

（5）当你回答完一个问题后，千万别说：“我的回答符合你的要求吗？”

如果你回答完问题后，对提问者说：“我的回答符合你的要求吗？”那么提问者会马上认为你并没有完全准确地回答问题，其实这样的问话等同于：“你同意我的答案吗？”或“如果你不喜欢这样回答，我可以给你另外的回答。”如果你已经尽了你的全力回答问题，回答完后就不要说话了。这就好比你接到了一个快速的直线球，你必须再把它打回去。

当面临技术故障时

多数情况下，演讲中都会使用到各种各样的设备，如麦克风、线路、投影仪、音响、播放器等。不过，在演讲中，依赖的设备越多，出现变故的可能就越大，使陷入困境的概率就越大。所以，如果有选择权的话，要尽可能减少自己对设备的依赖，如果确实需要，事前一定要做好充分的准备，尽可能排除演讲场地的技术故障。

1. 麦克风

这是绝大多数演讲者都会用到的设备，对此，一定要配备备用的麦克风。需要检查好所有的麦克风，确保每一个都可以正常使用。需要注意的是，如果在调试麦克风的时候有听众在场，最好不要拍打或敲打麦克风，那样会发出一些刺耳的噪声，而超出正常范围的噪声恰恰是对听众耐心的极大考验，所以要尽可能避免。你可以对着麦克风说几句话，并询问听众能不能清楚地听到。

2. 各种线路

包括音响线路、照明线路、空调线路、投影线路等，一方面要保证线路使用正常，另一方面要确定当你在讲台上或会场里走动的时候不会碰到线路。曾经有一位演讲者在讲台上向后退以便向听众展示自己预先准备好的图片时，一不小心被地上的麦克风连线绊到，不仅摔坏了样品，自己也摔倒了，以至于很久以后听众们再想起那场演讲，记忆清晰而深刻的就只是他摔在讲台上的情景，而不是他所讲的话。所以，演讲前，你一定要注意线路问题，以免造成的麻烦。

3. 幻灯片

幻灯片的好处是显而易见的，它可以帮助你直观地传达图表、图片等信息，使听众清晰地弄明白抽象的数据问题，所以很多人在进行工作报告、学术演讲的时候经常都会准备一大堆的幻灯片，并将之纳入演讲的主体部分，好像演讲者站上讲台不是做演讲而是展示幻灯片的。这样，演讲者无形中就面临着另一个困境：一旦幻灯片出现问题，你将何以自处？所以，对待幻灯片的使用一定要慎重，除了要保证投影设备的使用正常，还要制订出一套行之有效的应急方案，这样即使幻灯片出现故障，你也能够顺利地将演讲继续下去。

除此之外，再充足的准备都可能因为一些意外情况而使你的努力付诸东流。一旦因为技术故障的原因导致会场出现一些变故时，你一定要保持足够的镇静，采用合适的方法牢牢地抓住听众的注意力。

一位演讲者需要给一些职业培训学员做一场专业演讲。当时是夏天，而且天气阴沉，再加上人多，又闷又热，好在房间里几台空调同时运转，所以还算舒适。不料，演讲开始后不久突然停电了，房间里更热了，台下的听众逐渐躁动起来。

这时演讲者将一个问题讲完以后，停顿了一下说道："各位学员，其实，自我提升、自我磨炼应该是随时随地都可以进行的。就像现在这样，停电让我们感觉闷热，但事实上这也是一个绝佳的提升自己和考验自己的机会。从现在开始，我们就可以来考验一下自己的意志力。我会讲一个非常重要的问题，15 分钟后我会考察大家的记录结果。"

听众听到这里慢慢安静下来拿起了笔。10 分钟后，电力恢复，空调又开始运转起来，温度开始降下去。最后，这次演讲不仅没有因为停电而受到影响，其效果反而比预想的要好很多。

像这样的应急技巧是我们每一个演讲者都应该具备的素质，它可以帮助你在紧急情况下迅速走出困境，把由于技术故障给演讲造成的负面影响降低到最低程度。

课后实战训练：

"四招"应对忘词

第一招：牢记演讲稿

演讲者在演讲之前要充分熟悉演讲稿，要能将演讲稿铭记于心，根据适合自己的记忆方式进行熟悉，这样在忘词之后才能比较容易想起具体内容，如果细节方面仍然无法记起，就可以采取更换的方式，只要紧扣主题，即便是更换也不会影响整个演讲的质量。

第二招：中途插话赢取时间

可以使用中途插话的方式转移听众的注意力，这样能为自己赢得更多的时间。比如忘词时可以这样说：我的声音清楚吗？较远的听众能听见吗？在说的同时用眼神将听众看一遍，这样可以示意听众，也能为自己争取更多的时间。

第三招：跳跃演讲

忘词时可以跳跃演讲内容，只要不影响整体效果，不会显得太过突兀，就可以直接跳过。一旦忘词又没有别的办法的情况下，千万不能花费时间站在讲台上进行思考，在众目睽睽之下，这样的思考只会使自己更加紧张，一紧张忘记的内容就会更多。

第四招：将错就错

演讲者如果出现忘词的情况，完全可以借鉴将错就错，自圆其说的这种补救方法。但是要注意的是，自圆其说一定要圆得有水平，不要让听众觉得太过明显，切忌胡乱编造。

解决演讲忘词的方法可能还有更多，但是良好的心理素质是必不可少的一点，只要有了良好的心理素质就能运用冷静的头脑思考解决方案。所以平时应该注重积累和锻炼，提高自己沉着稳定的心理素质和随机应变的能力。

第十四章 结尾的惊叹号

演讲中最重要的部分就是结尾。在整个演讲过程中，没有任何一句话比结束语更重要。一个糟糕的结尾会破坏整场演讲。与此相反，一个精彩的结尾也许能够挽救一场平淡无奇的演讲。

你知道该如何收场吗

戏院中流传着一句老话："从上场和下场就可以知道他们的本领。"这句话尽管单指演员，然而对演讲者来说，也同样适用。不错，任何事在开头与结尾，都是不太容易圆满的。就像是你想去参加一个宴会，在进门时的寒暄以及告别时的状态，是不是老练，就能够一眼看得出来！在商场中的应酬，最难的便是开场的顺利，以及获得成功的结果。

在演讲中，尤其重要的一点在于结束时，原因是最后的字句，尽管已经停止，不过仍在听众的耳中旋转，使人记忆良久！不过初学口才训练的人，却极少留心到这一点，他们的结语，经常是像白开水一样无味。

美国作家约翰·沃尔夫认为"演讲最好在听众兴趣未尽时戛然而止。"他的意思就是说，最好在演讲到达高潮时果断"刹车"，以此来强化带给听众的最佳印象。拿破仑说过："兵家成败决定于最后五分钟。"

我们也可以说，演讲的成败在很大程度上取决于演讲的结尾。这是因为要是演讲者设计与安排的演讲开头与高潮精彩，如果再加上有一个耐人寻味、出人意料的好结尾，那么，就像是锦上添花，会带给听众一种精神上的愉快与满足。然而，要是演讲者设计与安排的结尾没有新意，没有激起波澜还陈旧庸俗、索然无味，那便会使听众深感烦躁，失望而去。

演讲的结尾要比开头以及主体部分要求更高，内容要很有深度，语言更要有力度，方法要更巧妙，效果也要更加耐人寻味。由此可见，演讲的结尾才是走向成功的关键一步，它在整个演讲中起着不容忽视的重要作用。在演讲时学习怎样收尾是很重要的。

演讲的收尾在某种程度上可以由直接向听众发出呼吁来实现，尤其是说服性讲话。直接号召他们采取特定的行为方式（采纳、延缓、终止或继续），或者请他们改变态度。

你设计的最后一句话一定要像第一句话一样简洁有力。每次演讲都应该用一句话使听众毫无疑问地明白演讲已经结束。没有想好决定性的结束语时，发言人只好继续总结，同时不得不努力考虑怎样不留痕迹地收尾。结果，许多人不得不有些沮丧地用下列乏味无力的结束语收尾：

"我想这些就是我要讲的全部内容。"

"噢，时间到了！我还是就讲到这里吧。"

"虽然我还想多讲一些内容，但是应该回答大家提出的问题了。"

另外一些演讲者倒是不显得犹豫不决，而是戛然而止，使听众不知道中间的空白是暂时停顿还是最后的结束。

演讲时，可以采用一种斩钉截铁的有效收尾，与开场白时吸引听众注意力的办法相呼应：详尽回答演讲开始时所提出的那些引人深思的问题；再次提及开头讲过的笑话或故事，使它变得更有趣，或者把它稍加改动，使之适用于你的主题。

不要用“谢谢大家”来代替决定性的收尾。在教学发言或业务报告会上通常不对听众表示感谢。只有当你作为受人尊敬的特殊嘉宾应邀发言时才应该这样做。这种情况下，“谢谢大家”可以作为从结论的其他部分转到决定性语言的过渡语。

画龙点睛的结束语与正文内容一样重要。不要敷衍潦草而含混不清地说出最后一句话，或者用最后几分钟收拾自己的演讲笔记准备溜走。要熟记自己的结束语，这样在总结陈述时可以始终保持与听众的目光交流。结束讲话后，短暂地收回目光，然后重新与听众进行目光交流，表示你愿意回答他们提出的问题，或者接受大家的掌声。就像开始时一样，这时候你的自我意识也会非常强烈，这是不可避免的。你会感到大家的注意力又从演讲内容转移到你身上，这时不要忘记为听众留下肯定的自我印象，从而不至于削弱最后一句话的效力。

常见的演讲结尾之罪

演讲结束的时候，要特别注意的是，不能因为不在意的结束语毁掉整个演讲，要注意演讲结束的禁忌。

常见的糟糕结束语有如下几种，我们一定要注意。

1. 画蛇添足

出人意料，耐人寻味，才是我们要追求的演讲结尾；平庸无奇，画蛇添足，绝对是结束语的忌讳。

演讲的内容应该含蓄、深沉，让人感觉余音绕梁，不绝于耳。该停止的时候及时停止，千万不可画蛇添足，破坏演讲的整体效果。我们经常会看到有些演讲者，该讲的话已经讲完了，听众感觉演讲已经结尾了，但演讲者却还在喋喋不休，拖拖拉拉，没完没了地一直讲。

例如，他们经常会说，“前面说的几点是非常重要的，在此我还想强调一下，再啰唆几句”。这样的话语，就是典型的画蛇添足。这必然会造成听众的心理疲劳和精神困倦，让听众产生不满甚至反感。

2. 虎头蛇尾

先是慷慨激昂，慢慢地有气无力，最后，如同一支在空气阻力下终于跌落的箭。这种虎头蛇尾的演讲，如强弩之末一样，没有任何穿透力。

曾经听到过一个演讲，主题是“21 世纪中国青年的担当”。演讲开始时大开大合，有一种宏大叙事的大气。接着谈古今中外的历史、国际形势。结尾时，却冒出：“在这个大好的时代，我们有什么理由荒废时日，不上进，不奋进的呢?”

这样的结束语，空洞而又小气，使前面所有语言的力道尽失——箭终于跌落在地!

3. 冗长拖沓

演讲结尾要求简洁明快，干净有力，短小精悍，新颖别致，干脆利落，用演讲者本身巨大的感染力，使听众的情绪激动、振奋起来。漫无边际，冗长拖沓，是演讲极为忌讳的。有些演讲者刚上台，无论有事没事，无论大事小事，一开口便要讲几十分钟，甚至更长时间，没完没了。他们总是自认为，讲话时间的长短，可以体现自己的级别、水平，事实上，每个人都讨厌大、长、空、假的演讲。

4. 偏离风格

就像一个人的穿着一样，你戴着礼帽，穿着西装、西裤，脚上却蹬着一双白跑鞋，这个样子让人看了非常不协调。演讲也是如此，你一开始时的演讲风格如何，你的结束语也应该按照这个基调收煞。

你一本正经地做新产品推介报告，到结尾时突然如文学家一般感性，用诗人食指的《相信未来》作为结束语，这种格格不入让人听了就有一种说不出的不舒服。

5. 过于谦虚

“耽误大家的时间啦。”

“我讲的不一定对，希望大家多多指教！”

“如果我在演讲中有什么冒犯各位的地方，请大家多多包涵！”

以诸如此类的话来做结束语，简直就是自扇耳光。如果你自己都把自己的演讲当成“耽误大家时间”，认为自己“讲的不一定对”，或有“冒犯各位的地方”，你为什么不少耽误大家一点儿时间？为什么不拣自己有把握的、对的来说？为什么还要冒犯大家？你是不屑于去做，还是没有能力做到？

在任何场合，过分的谦虚都难以起到好的作用。在演讲结束时，你的过分谦虚会招来误会或轻蔑：哦，他原来在说一些连自己都没有把握的话，看来他的演讲不可信！这样的结果，是你所想要的吗？

6. 千篇一律

有些演讲者开头讲得不错，不过在结尾时便落入俗套，总要忍不住讲一些做作、令人讨厌的客套话，使听众像是吃了一粒发霉的花生米那样，一下子毁坏了满口的香味。

就像一个演讲者所说的那样：“今天我讲到这里，本来是不准备发言的，但主持人一定要我说，我就恭敬不如从命。由于时间关系，本人水平有限，加上没有准备，对情况也不了解，所以就泛泛而谈，随便说说。以上几点不成熟的意见仅供参考，谈得不对的请批评，说得不好的请指正。”

这便是典型的庸俗、陈旧、平淡无味、废话连篇的话，这在演讲结尾中是一定要杜绝的。

此外，人们也经常会犯以下九大错误。

第一，等待别人的夸奖也是很普遍的现象——作为结果是很危险的。“我的演讲有没有给你一些启发呢?”或者“我希望，我的演讲没有让你感到特别无聊”。这些都是争取参与者正面回应的笨方法。这种强求得来的反应也有可能是负面的。不仅结束语是如此，在整个演讲过程中都要避免乞求别人的奉承。它会误导参与者，而且也会给人留下坏印象。当你自己是参与者时，而演讲者向大家索要认可、奉承和掌声时，你就可以体会到这种感觉了。

第二，你要是想设计一个精彩的结尾，就必须忘掉“我”这个词。重要的不是你自己，而是参与者。

第三，让参与者在演讲结束后再提问是很危险的。不要因为别人常常这样做，就跟着误入歧途。别人的错误不应该成为你的标杆。如果你刚讲完，就遭到别人的一通批评，那么一场精彩的演讲就会黯然失色；如果你遭到了问题轰炸，或者有人跟你争吵，那么你也可能把自己弄晕；或者不管演讲者怎么请求，就是没有人提问。如果你已经把最后一句话也讲完了，那么你只能尴尬地站在那里，而没有机会去进行“纠正”。而讨论几乎总是会造成分歧，而不是共识。更好的做法是：在演讲一开始就要求参与者一旦有问题就随时提问！

这才是沟通！这样你才可以赢得反馈，了解参与者的感觉和立场。所有这些都可以活跃气氛。而且在场者也不会抱怨你没有给他们发言的机会。如果主持人没有其他安排的话，你也可以在回答完最后一个问题之后进行一段小结。这样，你就可以根据既定的安排，设计一个扣人心弦的或者实用的结束语了。

第四，如果你一再宣布即将结束，而事实上并没有立刻结束，那么参与者就会逐渐失去耐心，他们的心情会从希望变成失望，甚至演变成某种敌对的情绪。你到底应不应该宣布结束呢？如果你确信时机适当，那就可以，但是一定不能拖泥带水。未经宣布的结束语效果更强——如果它确实很有吸引力的话。

第五，既然你想留给参与者一个正面的印象，那么你的最后一个观点也应当是正面的。不管你的演讲主题有多么糟糕，你在最后都应当给人以希望，在参与者与你之间营造良好的气氛，赢得他们的正面回应。例如面对毁灭性的销售额下降问题时，你在演讲时应当传达这样的观点："我们能够力挽狂澜。"不要使用消极的结束语！

你可以设想一下：就在公司的经济状况遇到很大困难的时候，董事会主席对大家讲道："……很遗憾，情况就是这样。这就是现实。"你和其他参与者都会垂头丧气地离开会场。没有积极的欢呼，没有希望，没有任何激情。大家都觉得孤单。

第六，"祝你成功"不是结束语，而是没有意义的套话。谁要是说"就这样吧"或者"祝你成功"，就等于没有结束语。

第七，有些演讲者喜欢在结束时慷慨激昂地呼吁："但愿将来……"或者"但愿这种事情不再出现……"如今，哪怕只有一点点现代感的牧师也不会用"但愿"这样的词。

第八，"其实还有很多话要讲，但是……"好吧，那他为什么不说完呢?！是因为安排不妥当吗？还是他只是故作姿态罢了？"可惜时间到了……"很多演讲者都不能很好地控制演讲时间。他们会不经意地看一下手表，突然发现自己讲得太长了。演讲者感到非常窘迫，参与者躁动不安，而结尾部分，即使是精心设计的，则不得不缩短，演讲只好草草收兵。这会给人留下不好的印象。只有事先经过充分的准备，而且在演讲过程中始终注意控制时间，才能避免这种情况。

第九，没有结尾。演讲者试图现场发挥，但没有找到合适的话。

以上就是演讲者应该注意的结尾之罪，在演讲时一定要注意！

别把结尾看成结束

对于演讲来说，结束语是演讲者走向成功的关键一步。结尾好，就如乐曲结束时的“强音”，动人心魄，更能激起听众对你下一次演讲的期待。

有个人去买花生米，老板给了他十粒，说：“你先尝尝香不香，香就多要，不香就换别家。”这个人吃了一粒觉得很香，就说：“来两元钱的。”然后他又吃了几粒，越吃越香，就说：“多来点吧，再添几元钱，干脆来十元钱的。”老板把花生米称好了。这个人吃到了最后一粒，凑巧是一颗发霉的花生米，他张嘴一咬，只觉得又苦又涩，一股霉气，顿时连连吐口水，然而嘴里那股味道还是散不去。他没好气地说：“不要了，难吃死了。”然后就阴着脸走掉了。

明代学者谢榛说过：“结局当如撞钟，清音有余。”良好的结尾能够重新掀起演讲的高潮，极大地使听众精神振奋起来，激发起听众行动的愿望，使听众和演讲者之间产生强烈的共鸣，从而获得演讲的最终目的。

在演讲处于高潮时，听众大脑皮层产生高度兴奋，注意力与情绪从而由此达到最佳状态。要是在这种状态下断然结束演讲，那么保留在听众大脑中的最后印象就会尤其深刻。

林肯在用“尼亚加拉大瀑布”作为题材预备一篇演说时，用的便是层层推进的方法来结束演讲。下面我们来看他的演讲是不是一个比一个更有力量，看他如何以耶稣、摩西、哥伦布、亚当等人所处的时代，和尼亚加拉大瀑布作对比，并获得很好的演讲效果：

> 这要推到无限的久远，当哥伦布最初发现这块大陆；当耶稣基督被钉在十字架上；当摩西率领以色列人渡红海；啊，甚至亚当从创世主的手里出来，从那时一直到现在，尼亚加拉就在这里怒吼！
>
> 古代巨人的眼睛，像现今我们的眼睛一样，曾经看见尼亚加拉，与第一代人种同时代，比人类的第一个始祖还老，一万多年前的尼亚加拉，和现在是同样的新鲜有力！我们只能见到那庞大骨骼的前世巨象和爬虫，也曾见过尼亚加拉——从那样的久远年代起，尼亚加拉从无一刻静止，从未枯竭，从未冻凝，从未睡去，从未休息！

钢铁大王卡内基最得意的助手史可伯先生，有一次在纽约宾夕法尼亚协会演说，他的结尾是：

> 我们宾夕法尼亚州，应该领导推进时代的巨轮，因为她是出产钢铁最多的一州，是世界上最大的铁道公司的养育之母；就是农产品，也在各州中占第二位。所以，宾夕法尼亚州是我们经商的基石，它的前途远大，做领袖的机会尤多，决非别州所能及！

史可伯用了这几句话来做结束，使听众们个个都感觉高兴，这真是一个很好的结束方法。但是，要使这种方法生效，必须有诚恳的态度，同时又不可说得过分，以避谄媚之嫌。否则，稍露做作之态，难免被人看作虚伪，他们会像对待一张假钞一样拒不收受。

结束语是演讲内容的漂亮收束。余音绕梁、言简意赅的结尾，可以使听众精神振奋，促使听众不断地思考与回味；枯燥无味、松散疲沓的结尾，则只能使听众感到烦躁，并伴随时间流逝而被遗忘。

怎样才能给听众留下深刻的印象呢？

幽默大师林语堂的结尾总会出其不意，令人捧腹。

有一次，他应邀参加了一次国际读书会。在会上，他畅谈了东方人的人生观和他的写作经验。台下的观众都被他娴熟的英文、充满智慧与幽默的发言迷住了。

正当大家听得入神时，他却出乎意料地说道："中国哲人的作风是，有话就说，说完就走。"说罢，拾起他的烟斗，挥了挥长袖，离开讲台，飘然而去。

他用这种幽默的方式，给人留下了深刻的印象，也让他的演讲在世界演讲史上留下了一段佳话。

演讲的结尾是走向成功的最后一步，它在整个演讲中起着不可忽视的重要作用，演讲的结尾要比开头和主体部分要求更高，内容要更有深度，语言要更有力度，方法要更巧妙，效果要更耐人寻味。所以，不要把结尾看成是结束，他能为你下一次演讲拉开序幕！

在最精彩的地方结尾

一场精彩的演讲，不但要有精彩的开场白，也要有精彩的结尾，如果开场白精彩纷呈，结尾却仓促平淡，就变成虎头蛇尾了，之前给听众留下的好印象就会大打折扣。有这样一句话："判断一个演员的功底，看演员上场、下场的神气如何就够了。”演讲也是这样，听众们会从一个演讲者的开场白做出要不要继续听下去的决定，却从结尾阶段看其处事方式、人格魅力。事实上，正所谓“余音绕梁”，当听众走出会场后，他们能够记住的除了整个演讲中最精彩的一句之外，就是演讲者最后所说的话了。

可以说，这个环节是演讲最重要的部分之一，最能够显示演讲者的演讲艺术，这一环节很容易流入俗套，但一旦说好就会事半功倍地架构起一场让人过耳不忘的完美演讲，不但演讲主题突出，而且能够给听众留下深刻的印象。

林肯在关于尼亚加拉大瀑布的演说中，是这样结束整场演讲的：

> “面对这一点，我们不由得回忆起过去。哥伦布首先发现这个大陆的时候，耶稣在十字架上受苦的时候，摩西带着以色列人渡过红海的时候，尼亚加拉瀑布就早已像现在一样在这里怒吼了。现在，巨人族已经灭绝了，他们的头骨塞满了印第安土墩，但当年，他们也曾经像我们现在这样凝视过尼亚加拉瀑布；曾经活跃在这片大地上、现在已经灭绝了，只有骨头碎片才能证明它们存在过的巨象也看到过尼亚加拉瀑布。可以说，在远古时代，尼亚加拉瀑布就与我们的祖先同时存在着，它的历史甚至比第一位人类的历史更久远，到今天，它还是那么声势浩大。在这段漫长的历史里，美丽的尼亚加拉瀑布从来没有静止过，从来没有干枯过，从来没有冻上过。”

这段结尾可以说是一个非常优秀的演讲结尾。通篇看来，演讲者首先使用了一个接一个的比喻修辞，句子的分量一个比一个重，气势一句比一句强，用不同时代尼亚加拉大瀑布的情况的列举提供了强有力的印证，语言力量不断累积，结束的时候也正是演讲到达顶峰的时候，同时也是演讲最精彩的时候。这时，整场演讲戛然而止却又自然而然、铿锵有力，余韵绵绵悠长，令人回味无穷。这样的结尾也必然让听众记忆深刻。

就像写文章一样，当断则断，否则必受其乱，大大削弱演讲的感染力。同样地，演讲也是这样。很多人演讲的时候说到最后总是兴致大起，明明该结束了，却非要一个问题接一个问题地说下去，听众明明已经情绪高涨、激情万丈了，却因为演讲者拖而不决以至于听众慢慢冷了心肠，乃至最后恨不得拿根萝卜塞进演讲者的嘴巴。某公司小白领陈戎就遭到过这种“待遇”：

那时候，陈戎刚刚从学校毕业就接到一位同学的婚礼邀请函。匆匆打扮一番后，他就去参加婚礼了。作为大学同学，婚礼上他被邀请上台说几句。他走上讲台洋洋洒洒地说开了，从大学入学说到毕业，从眼前之景说到看不见的以后，从新郎说到新娘，整整讲了20分钟还不见结束的迹象。刚开始，在场的很多同学都激动得泪花闪闪，后来，见他继续说个不停，大家就开始走动着倒饮料、吃美食，连新娘都走开到另一个房间去了。再到后来，宾客们干脆吹起了口哨，很多人还喊：“好啦好啦，菜都凉了。”

这就是不懂得适可而止的结果。如果你坚持要追随自己的心意畅所欲言，最终你就不会受到听众的欢迎。这种行为对于演讲来说就是画蛇添足、多此一举。

在开头的时候说最精彩的话，可以紧紧抓住听众的注意力，激发出听众的兴趣。在最受欢迎的时候结束就是急流勇退，你会被人们深深记住，并由此获得满足感。所以，要判断一个人是不是一个成熟的演讲者，看他的结尾足矣。因此，当你已经提出了主要观点，并且已经说了两到三个论据，而且已经说出了主题句，听众情绪高涨，演讲现场气氛已经达到最高潮，那么，你就该结束了。如果你还没有说完演讲内容，但预定的演讲时间已到，你最好马上住嘴，不要企图去占用听众更多的时间。如果你讲着讲着却发现听众表示出了不耐烦的情绪，甚至开始说悄悄话，如果你已经说完了主要问题，或者虽然没有说完但没有更好的方法去重新唤起听众的兴趣，你也应该结束自己的演讲，不要逞强，不要进一步挑战听众的耐心。

不过，需要注意的是，在最精彩的地方停止演讲并不是说让你一说到高潮就马上住嘴一句话也不再说。无论何时，结束演讲的时候你都应该礼貌热情地向听众致谢，这是对听众最起码的尊重，也是给对方一些缓冲的时间，不至于突然停止让还处在巅峰的听众一下子就脚下踩空从高空跌落，因为结束得太突然而感觉没有意味。

课后实战训练:

结尾词的巧妙设计

演讲结束的时候不能太唐突，要能给听众留下最美好的回忆，所以要精心设计我们演讲的结束语。

接下来你可以学到 14 种方法，帮你设计好的结尾。但是你一定要注意，每场演讲的结尾都必须与主题、参与者以及现场气氛相适应。下面的段落给你提供了一系列可能性，但是究竟选择哪一个，完全取决于你自己。总之，尽量去理解它们，而不是生搬硬套！

1. “总而言之”“最后”“总之”“最后一点”

只要听到这些词汇，即便是之前不太认真听讲的参与者也会知道：

马上就要结束了。然后就是结束语了——最好只用一句话。比如，“这真是了不起的一年!”或者“我们是最棒的！我们要继续保持下去”。或者“我们的方案非常优秀，即使是在当前这个不太景气的时候”。

2. 总结为三点

简要的总结是不错的结尾。你可以给参与者一种感觉，那就是你的演讲内容结构清晰，逻辑分明，你已经提到了所有重要的方面，现在只是将最重要的部分重复一遍，让参与者加深印象而已。副产品：凡是一开始没有认真听讲的参与者，现在都有了一个弥补的机会。这是对参与者的一种关照。但是，不要超过三点！如果你的总结超过了三点，就会显得不那么清晰，从而降低说服力。

例 1：“我们的理念主要包括三点：研发、发展以市场为导向、贴近用户!”

例 2：“我们的产品哲学用三个词就可以概括：太阳、水和空气!”

例 3：“三个最重要的决定是：第一，我们要深入挖掘单身母亲的市场；第二，坚守未婚男性市场；第三，尽一切努力争取打入受人忽略的老年人市场。”

3. 展望

“这些重要的改变可以帮助我们把握未来。”通过眺望未来，可以提升你演讲的意义。“而现在，从明天开始，让我们对客户更加亲切一些。”毋庸置疑，前景一定是正面的、美好的，充满乐观主义的精神。还有就是：“四个月后，当我们在这里重新见面的时候，我们已经完成30%的任务了。”

4. 实际的好处

“根据上述提示，你可以这样入手……”参与者的期望值是你沟通的核心要点。参与者都想知道，演讲者会带给他们什么样的结论。“有了这些帮助，我们处理订单时就轻松多了，”这对我有什么好处呢？参与者会问这样的问题——作为一名沟通高手，你应当在演讲结束的时候再强调一遍：“生产效率可以提高10%——这就意味着明年你可以拥有：稳定的工作岗位，更高的收入和社会保障。”这样你就把一场纯业务性质的演讲提升到了一个更高的层次，更能打动别人。

5. 借用演讲的开场白

“一开始，我们决定改变我们的企业战略——现在，我们不仅找到了新的战略，而且已经迈出了第一步。”这是一种很巧妙的演讲结尾，也就是与开场白相呼应。它可以将结论与开场白结合起来。一家眼镜生产企业的营销主管对百货公司的采购经理说道：“一开始，我问过你这样一个问题：你是否知道，每四个人中就有一个是近视眼。现在你已经知道了。而现在你也知道，有一半的光学仪器销售者是短视的。这正是你的机会，一定要把握住！”

6. 将许诺移至结尾处

“我们承诺教给你十种创意。你已经听到了这十种创意。就算你只用了其中的三种，我们的努力就没有白费。”一家市场营销代表处的主管对他的员工讲道。这是一种不错的结尾，因为它与演讲开场白的事先许诺遥相呼应，并且兑现了一开始的承诺。员工的积极性再一次被调动起来。

7. 要求（呼吁）

“我们有能力进一步提升企业的地位。这就要求我们大家按照既定的决议去做。那就让我们从现在开始吧。”优秀的沟通者懂得如何去吸引参与者，他们会选择具有明确的要求性质的语句，赢得参与者自发的支持或行动。在选举之前，政治家们往往会这么做：“……没有第二种选择：请选我们吧。”

8. 出人意料的结尾

一家大型电脑企业的总裁在访问了远东地区之后，在面对记者采访时，他的最后一句话令人大吃一惊："最后还有一条值得注意的消息可以透露给你：我们从美国竞争对手那里夺回了一笔超过5000万欧元的大订单。你是第一个知道这件事的人。"这些出人意料的结局往往是经过精心设计的，它会让你的结尾变得异常精彩。出人意料的结尾可以让戏剧达到高潮，也可以让一场平淡无奇的演讲提升层次。

9. 传递成就感，激发认同感

"在今天的会上，我们所得到的可行方案比以往任何一次都要多。我们应该为自己感到骄傲。"通过共同的成就，你很容易在自己和参与者之间架起沟通的桥梁。不过，在运用"我们都坐在一条船上"这种方法时需要格外小心。不要太平淡，也不要太亲密。同时，你所谈论的共同性必须确实存在。如果把会议取得的成果引申为整个团队所取得的成果，这样的结尾会更加精彩："经过我们大家三个小时的共同努力，我们制定了一份全新的预算，它可以让我们的成本降低10%。这就是真正的创造力。"

10. 衷心的感谢（针对别人的付出）

你也可以在结尾表达感谢——但是不是感谢听众，而是感谢别人所付出的努力："最后，衷心感谢你的贡献，你的创意——最重要的，是你的奉献精神。"你还可以更进一步，对过去的成绩提出表扬。如果过去一个季度中某个部门有着突出贡献，你也可以在全体员工面前对他们进行褒扬："非常感谢你们付出的努力——你们的突出贡献以及你们所取得的巨大成绩。"这样的结尾一定会取得成功。

11. 还有最后一个想法

在演讲的最后一句话里，你不应该提出新的想法！如果你不得不这样做的话——也许是由于参与者的问题提醒了你，之前漏掉了某些内容，或者你灵光突现，很想把新的想法告诉大家，请务必强调这一点："还有最后一个想法。请你……"现在你还可以再一次施加影响。"还有最后一个建议：请你从明天就开始实施行动计划——从你未来职业生活的第一天开始。"

12. 基本号召——谈论感受而不是理解力

大脑还是肚子？理解力还是感觉？哪一种更容易引起别人的兴趣？与理性的论据相比，参与者面对感性化的论据，往往会做出更快、更持久的反应，他会根据自己的直觉作出某种选择："我们能够取得成功，我们能够赢得超出预期的目标。利润不仅仅是商业方面的好处，它还是对自己最好的证明。"

13. 不要淡而无味或干巴巴的，而是"逐渐递增"

你的结束语必须是一种升华。它必须与演讲的其他部分有所不同，特别是在表述方面。结尾必须是你正常演讲最精彩的部分，如同戏剧的高潮。所以一定要提前降低语调，调动你全部的力量，整合所有的论据，强化你的表述。要注意：你最后一句话一定不能降低声调，否则就会失去一半的效果。

14. "我们"——加上基本口号

演讲必须以共同性结束。因此"我们"比"你"这个称呼更好。比如，"现在我们的位置很高。""让我们保持住。""这对我们大家都有好处。"

参考文献

［1］董必康．美国政治家及其演讲述评［M］．北京：北京大学出版社，2013.

［2］李洪伙．超级演说家：教你当众讲话 38 个技巧［M］．北京：中国经济出版社，2014.

［3］杜鸣枫．超级演说家：世界上最精彩的演说技巧［M］．北京：中国华侨出版社，2014.

［4］曼狄诺．世界上最伟大的演说家［M］．费肖俊，译．北京：世界知识出版社，2009.

［5］岳西宽，张卫星．美国历届总统就职演说（中文版）［M］．北京：中央编译出版社，2009.

［6］王志康．演说创造奇迹［M］．北京：中国言实出版社，2014.

［7］张笑恒．马云的说话之道［M］．北京：北京联合出版社，2013.

［8］雅瑟．魅力口才与演讲的艺术［M］．北京：企业管理出版社，2013.

［9］戴兹．成功演讲技巧［M］．冯丁妮，马军，冯速，译．海口：海南出版社，2008.

［10］卡耐基．演讲的艺术［M］．南京：江苏文艺出版社，2011.